Peter Himmelhuber

Gartenteiche richtig anlegen und pflegen

Peter Himmelhuber

Gartenteiche

richtig anlegen und pflegen

MOEWIG

Die Ratschläge und Empfehlungen dieses Buches wurden vom Autor und vom Verlag nach bestem Wissen und Gewissen erarbeitet und sorgfältig geprüft. Dennoch kann eine Garantie nicht übernommen werden. Eine Haftung des Autors, des Verlags oder seiner Beauftragten für Personen-, Sach- oder Vermögensschäden ist ausgeschlossen.

Fotos: Peter Himmelhuber
Illustrationen: Malcolm Powell

www.MOEWIG.de

Printed in Belgium
ISBN 3-8118-1675-6

Inhalt

Hier wurde ein großer Teich direkt an der Terrasse angelegt

Gartenteiche planen

Wasserstellen sind wertvolle Gestaltungselemente in jedem Garten. Sie sind aber nicht nur schön, sondern bieten auch Tieren unersetzliche Lebensräume und verbessern sogar das Kleinklima. Je nach Wunsch und örtlichen Gegebenheiten entstehen große Teiche, die das Grundstück zum regelrechten Wassergarten machen, oder nur kleinere Becken, die das klassische Gartenbild ergänzen. Mit geeigneten Kübeln oder Wasserbecken können Sie sogar auf dem Balkon oder der Terrasse einen Mini-Teich anlegen

Dauerhaft haltbare Teichfolie macht auch große Anlagen möglich. So können beispielsweise künstliche Teiche als Gestaltungselemente in Wohnsiedlungen eingesetzt werden

Die beste Lage für einen Teich

Grundsätzlich lässt sich ein Teich auf nahezu jedem Grundstück anlegen. Am besten passt er an eine zentrale Stelle im Wohngarten. Gut geeignet ist ein Randbereich der Rasenfläche. Dann kommen an die Uferzone zum Rasen hin nur Steine und niedrig wachsende Pflanzen, während die Seiten und das hintere Ufer stärker bepflanzt werden. Das Ergebnis ist ein Teich, den man vom Rasen aus gut beobachten und einsehen kann.

Bei sonniger Lage werden die Wasserpflanzen optimal mit Licht versorgt; aber auch im Halbschatten oder im Schatten gedeiht ein Wassergarten gut, wenn man die richtige Bepflanzung wählt. Auch Algenprobleme sind bei schattiger Lage geringer. An erster Stelle ist aber der Nährstoffgehalt des Wassers für das Algenwachstum verantwortlich. Wenn Sie keine nährstoffreiche Erde, sondern nur Sand oder Kies in Ihren Gartenteich einfüllen, wird es zu keinem unkontrollierten Algenwachstum kommen und das Wasser klar bleiben.

Liegt die Wasserstelle unter Bäumen, sollte das Laub im Herbst aufgefangen oder abgefischt werden. Sonst sinkt es auf den Teichboden und bildet dort mit der Zeit eine Faulschlammschicht, die durch ihren hohen Nährstoffgehalt den Algenwuchs fördert. Bei der Neuanlage eines Teichs ist der Abstand zu vorhandenen Bäumen so zu wählen, dass beim Erdaushub möglichst keine größeren Wurzeln verletzt werden.

Den Abstand zum Haus kann man beliebig wählen: Ein Teich passt sowohl neben eine Sitzgruppe als auch direkt an den Rand der Terrasse. Stechmücken kommen im Sommer übrigens selten aus dem Wasser eines Gartenteichs, weil sie dort viele natürliche Feinde haben. In Pfützen oder of-

Wie von „Mutter Natur" – diesem Teich ist nicht anzusehen, dass er mit Folie gebaut wurde

fenen Wasserbecken entwickeln sie sich viel zahlreicher. Und wenn doch Stechmückenlarven im Teich zu sehen sind, reicht es, ein paar Kleinfische (z. B. Moderlieschen) einzusetzen. Die stellen den Mückenlarven erfolgreich nach und können auch im Winter im Wasser bleiben, wenn der Teich eine frostfreie Zone von mindestens 80 cm Tiefe hat.

Zur Grundstücksgrenze ist beim Teichbau in der Regel kein besonderer Abstand einzuhalten. Allerdings sollte das Ufer von allen Seiten zugänglich sein, um die Bepflanzung pflegen zu können. Ein Teich ist im Übrigen genehmigungsfrei. Erkundigen Sie sich aber vor der Anlage trotzdem beim zuständigen Ordnungsamt, denn in den einzelnen Bundesländern gelten unterschiedliche Gesetze. Teilweise sind Teiche von mehr als 30 m^2 Wasserfläche nicht mehr zulässig oder zumindest genehmigungs- oder anzeigepflichtig.

Natürlich dürfen Nachbarn durch die Anlage eines Gartenteiches nicht belästigt oder gar geschädigt werden. Leisten Sie also am besten schon im Vorfeld Aufklärungsarbeit, was die oft vermutete Mückenplage angeht (siehe oben). Und was die immer wieder in der Presse zitierten Auseinandersetzungen über quakende Frösche betrifft, sollten Sie im Sinne des nachbarschaftlichen Friedens besser keine dieser oftmals wirklich sehr lauten Amphibien in Ihren Teich einsetzen, wenn andere

Froschkonzert im Gartenteich

Ein kleines Wasserbecken als Vogeltränke

Ideal ist eine sonnige Lage. Hier wurde der Teich mit einem Steingarten kombiniert

dadurch gestört werden könnten. Sollten Frösche aber von selbst einwandern, müssen diese allgemein toleriert werden.

Natürlich gibt es umso mehr Möglichkeiten der Teichgestaltung, je größer der Garten ist. Aber auch in kleinen Gärten braucht man nicht auf einen schönen Teich zu verzichten – Größe ist nicht alles. Je kleiner der Platz für einen Gartenteich ist, desto eher bietet sich allerdings der Kauf eines Fertigbeckens an, das nur noch eingegraben werden muss. Die preiswerteren und variableren Folienteiche sind nämlich eher für Wasserflächen ab etwa 10 m² geeignet (siehe auch Seite 18).

Ganz wichtig ist auch der Sicherheitsaspekt. Immer wieder kommt es nämlich zu Unfällen mit kleinen Kindern, die in ungesicherte Gartenteiche fallen. Gehören also kleine Kinder zum Haushalt oder besteht die Gefahr, dass fremde Kinder in ihrem Entdeckungsdrang auf das Grundstück und an den Teich heran gelangen, ist es zu überlegen, vielleicht besser auf den Teich zu verzichten oder zumindest damit zu warten, bis die Kinder größer sind. Eine für Kinder unüberwindliche Einfriedung des Grundstücks empfiehlt sich auf jeden Fall. Denn als Teichbesitzer haftet man unter Umständen auch dann für Unfälle, wenn fremde Kinder sich unerlaubt dem Teich haben nähern können.

Es kommt nicht auf die Größe an

Jede Wasserstelle hat, unabhängig von der Größe, ihren Wert. Selbst ein kleiner Tümpel, der mit Hilfe eines Mörtelkübels oder eines Folienreststücks entsteht, lockt Tiere an. Solche kleinen Teiche lassen sich ohne großen Aufwand in wenigen Stunden anlegen – bei ausreichender Tiefe als Seerosenbecken oder Sprudelteich; wenn sie nur flach sind, als Sumpfbecken oder Vogeltränke.

Anders als ein großer Teich, der ja viele Jahre als ein den Charakter der Anlage prägendes Element zum Garten gehören soll und deshalb einer gründlichen Planung und Vorbereitung bedarf, erfordert die Anlage einer kleinen Wasserstelle im Randbereich des Gartens keine besonderen Kenntnisse und Fertigkeiten. Das Folienstück oder die Wanne wird einfach an einer passenden Stelle in den Boden eingesenkt. Bei dieser Gelegenheit bekommen Sie Übung im Umgang mit den Teichbaumaterialien. Sie können, ohne sich langfristig festzulegen, mit unterschiedlichen Einfassungen und Bepflanzungen experimentieren und bei ausreichender Wassertiefe des Beckens sogar Fische einsetzen.

Der kleine „Testteich" wird seinen Charme entfalten und vermutlich bald den Wunsch in Ihnen wecken, einen „richtigen" Teich anzulegen. Er kann im Übrigen erhalten bleiben, wenn danach in zentraler Lage eine große Wasserstelle entstehen soll.

Natursteine eignen sich vorzüglich zur Randgestaltung von künstlichen Teichen. Es gibt für jede Situation das richtige Material. Das können kantige Bruchsteine sein oder rund geschliffene Kiesel

Springbrunnen im Pflasterkreis

Dieser Teich wird an einer Seite von einem befestigten Sitzplatz gesäumt

Die optimale Teichrandgestaltung

Die Gestaltung der Ufer hängt wesentlich vom Teichprofil ab. Beim Fertigteich gibt es einen vorgegebenen Flachwasserbereich mit einer Kante zum tieferen Wasser hin. Hier können Sie den Kunststoff problemlos mit Sand oder Kieseln abdecken. Die anschließende Bepflanzung tut dann ein Übriges.

Bei Folienteichen muss das Profil so modelliert werden, dass ein möglichst flach auslaufender Uferbereich entsteht. Nur dann lässt sich die Folie problemlos abdecken. So genannter Rollkies ist hier der ideale Baustoff. Die runden, hellen Steine lassen sich gut verteilen, schützen die Folie und verleihen dem Teichboden einen natürlichen Charakter. Schließlich bedeckt Kies auch in vielen Flüssen und Seen den Gewässerboden. Rollkies gibt es preiswert in verschiedenen Größen (Körnungen). Auch große Findlinge, etwa für Sitzsteine und Bachläufe oder aber für den Ausbau steiler Böschungen, werden beim Teichbau verwandt. Man bekommt sie ebenfalls bei den Kieswerken, die den Rollkies liefern. Bei Kies, Sand oder Findlingen gilt meist: Das Material ist eigentlich billig, nur der Transport kann teuer werden, wenn nämlich die nächste Kiesgrube weit entfernt liegt.

Mit Rollkies und Naturkieseln ist die völlige Abdeckung der Folie möglich. Eine steile Wandung im Teichprofil lässt sich mit kantigen Natursteinen kaschieren, die man aufeinanderschichtet

Der Blick ins Wasser so mancher Gartenteiche wird durch unschöne Stellen am Teichboden und am Ufer getrübt. Denn bei falsch angelegten Folienteichen ist leider oft die schwarze Folie sichtbar, weil die Teichwände so steil aufragen, dass sich die Oberfläche nicht mit Kies oder Sand abdecken lässt. Häufig versäumt man, für die Uferzone genügend Steine und Sand heranzuschaffen, um die Folie ganz darunter zu verbergen. In der Natur sind selten steile Ufer zu finden, allenfalls bei Gebirgs-

Das Profil eines Folienteiches im Schnitt. Die Folie ist komplett durch Rollkies und größere Steine abgedeckt

seen, wo die Felsen schroff aus dem Wasser ragen. Die meisten Seen, Weiher und Tümpel sind sanft ins Gelände eingebettet; sie haben flache Ufer. Das sollte auch bei einem natürlich gestalteten Gartenteich so sein – jedenfalls stellenweise. Und wo sich die Anlage eines steilen Ufers nicht vermeiden lässt, sollte man die Folie mit Böschungsmatten oder so genannter Steinfolie bedecken. Dann bildet sich mit der Zeit ein Pflanzenbewuchs, oder die Teichfolie wird zumindest kaschiert.

Je größer ein Gartenteich angelegt wird, umso vielfältiger lassen sich die Uferzonen gestalten. Je breiter man das Teichbett gräbt, umso flacher werden die Böschungen. Beim Bau eines sehr kleinen und dabei ausreichend tiefen Folienteiches entstehen zwangsläufig steile Böschungen, die schwierig zu gestalten sind. Daher lautet eine Grundregel der Teichplanung: Für kleine Teiche besser Fertigbecken verwenden und große individuell geformte Teiche mit Folie anlegen.

Ein großer Folienteich entsteht

Materialien für den Teichbau

Das eigentliche Teichbecken wird entweder als fertig gekaufte Kunststoffschale eingegraben oder mit Teichfolie ganz individuell gebaut. Zum Kaschieren des Kunststoffs bzw. der Folie und zum Bepflanzen dienen Kies und Sand

Ein fertig gekauftes Becken als Gartenteich

Folienteich oder Fertigbecken?

Großzügige und individuell geplante Wassergärten werden vorzugsweise mit Hilfe von flexibler Teichfolie gebaut, bei den starren Kunststoffbecken ist eine bestimmte Form ja bereits vorgegeben. Beide Materialien sind allerdings gut kombinierbar. So lässt sich beispielsweise an ein Hartkunststoffbecken ein Bachlauf aus Folie anfügen oder auch umgekehrt. Die Entscheidung für Folie oder Fertigbecken hängt zu allererst von der gewünschten Teichgröße ab. Je kleiner das Becken sein soll, um so eher bietet sich der Fertigteich an (siehe auch Seite 46).

Bei mittleren Größen können Preis und Arbeitsaufwand entscheidend sein. Folie ist auf jeden Fall die preiswertere Lösung. Der Fertigteich braucht aber kein aufwändiges Modellieren der Teichmulde. Er wird nur in das vorbereitete Loch gesetzt, in die Waage gebracht und eingeschlämmt. Außerdem garantiert die vorgegebene Form, dass der Teichfreund keine Fehler beim Modellieren und Anlegen der Pflanzzonen macht.

Bei großen Teichen von mehr als 10 m^2 Fläche ist Folie eigentlich das zweifelsfrei beste Material. Fertigteiche gibt es in solchen Dimensionen gar nicht mehr, oder sie müssen aus Einzelteilen zu-

Folienteiche erlauben individuelle Formgebung

sammengesetzt werden, was den Laien aber überfordern kann. Die Folie dagegen wird in jeder gewünschten Größe geliefert und lässt sich problemlos verarbeiten.

Folien für den Teichbau

Hochwertige Teichfolien zeichnen sich dadurch aus, dass sie licht- und verrottungsbeständig sind. Völlig ungeeignet sind herkömmliche Polyethylenfolien (so etwa Haushaltsfolien und Plastikplanen), die zwar umweltfreundlich sind, aber schon nach kurzer Zeit spröde werden und reißen.

Ideal für den Teichbau sind so genannte Öko-Teichfolien aus Polyethylen (PE). Sie sind äußerst haltbar und umweltverträglich. Teichfolien aus PVC (Polyvinylchlorid) enthalten Weichmacher und Stabilisatoren, die das Material insbesondere vor Beschädigungen durch aggressive UV-Strahlen schützen sollen. Außerdem enthalten sie giftiges Chlor, das bei der Verbrennung von Folienresten frei wird. PE-Teichfolien sind PVC-Folien deshalb auf jeden Fall vorzuziehen.

Einige Hersteller bieten auch Kautschukfolien an. Dieses auf natürlicher Basis hergestellte Material hat Vor- und Nachteile: Kautschukfolien sind genauso haltbar und strapazierfähig wie Folien aus synthetischen Kunststoffen. Der Rohstoff muss aber ebenso aufwändig gewonnen und transportiert werden. Zudem sind für die Verarbeitung zu Folien auch Zusatzstoffe wie Weichmacher und Stabilisatoren nötig.

Neben den im Angebot überwiegenden schwarzen Folien sind auch braune oder grüne erhältlich. Die Farbe ist aber nicht so wichtig, schließlich werden die Folien bei fachgerechter Verarbeitung ohnehin mit Kies oder Sand kaschiert.

Folie ist nicht nur wegen ihres geringen Gewichts (bei 1 mm Stärke etwa 200 g pro m^2) und ihrer Elastizität ein beliebter Teichbaustoff, sondern auch, weil sie so gut zu verarbeiten ist. Sie passt sich fast jedem Teichprofil problemlos an. Die Falten, die sich dabei im Teichbett bilden, schaden übrigens nicht. Sie bieten kleinen Tieren Unterschlupf und verschwinden nach dem Auskleiden des Teichs unsichtbar unter der Kies- oder Sandschicht.

Kaufen Sie am besten Markenware mit ausgewiesener Langzeitgarantie. Das Material wird meist in Bahnen von 8 m Breite von der Rolle angeboten. Beim Kauf von Meterware müssen Sie immer ein wenig Verschnitt in Kauf nehmen.

Krebsscheren und Seerosen kommen selbst in flachen Becken noch zurecht

Sie können Ihre Folie aber auch genau in der gewünschten Größe bestellen. Das hat vor allem bei Maßen, die über die übliche maximale Standardbreite von 8 m hinausgehen, den Vorteil, dass Sie die Bahnen nicht selbst zu kleben brauchen. Die meisten Hersteller gewähren auch für die nach Ihren Wünschen angefertigten Verklebungen die übliche Garantie. Wenn Sie Ihre Teichfolie dagegen vor Ort selbst verkleben, tragen Sie auch das Risiko, dass die Nähte vielleicht undicht werden. Eigene Klebenähte sollten Sie also vermeiden, denn es sind immer potenzielle Schwachstellen. Wenn sie aber bei Reparaturen nötig sind, sollten Sie sorgfältig arbeiten. Es gibt je nach Folienart verschiedene Methoden des Verklebens: Entweder wird Spezialkleber aufgetragen oder man verwendet Klebebänder von der Rolle, die zusätzlich mit Heißluft verschweißt werden.

Berechnen Sie die Größe der erforderlichen Folie erst nach dem Erdaushub. Dabei benutzt man ein flexibles Bandmaß, das sich den Formen des Teichprofils genau anpasst. Ermitteln Sie, wie lang bzw. wie breit eine rechteckige Folie sein muss, um, an der tiefsten Stelle des Teiches gemessen, gut von Ufersaum zu Ufersaum zu reichen. Wichtig ist dabei, dass Sie die Folie in Länge und Breite unbedingt 1 m größer kaufen als nach der überschlagsmäßigen Berechnung nötig. Sie muss ja am Ufer noch überstehen, außerdem wird sie beim Füllen des Teichs vom Wasserdruck fest ins Teichbett gepresst und sackt dabei gewöhnlicherweise noch ein gutes Stück ab.

Wichtig beim Folienkauf ist auch die Stärke des Materials. Es gibt Teichfolien in 0,5 sowie 1 mm Dicke. Am besten wählen Sie eine 1 mm dicke Folie. Die ist äußerst reißfest, lässt sich dennoch gut verarbeiten und ist wurzelsicher. Ernsthafte Gefahr von Wurzelschäden droht allerdings nur durch sehr nahe stehende Gehölze. Aber auch diese suchen sich erfahrungsgemäß meist den einfacheren Weg und schieben ihre Wurzeln an der Folie vorbei, statt sie zu durchdringen. Dabei drücken sie zwar gegen die Folie, doch das elastische Kunststoffmaterial gibt bis zu einem gewissen Grad nach, ohne zu reißen.

Dennoch sollten Sie das Teichbett vor dem Auslegen der Folie sorgfältig vorbereiten. Wichtig ist es vor allem, dicke Wurzeln ein gutes Stück freizulegen und dann mit Spaten oder Säge zu durchtrennen und spitze Gegenstände auszugraben oder mit Sand oder Vlies zu polstern. Die Mühe lohnt sich, denn ein gut gepolstertes Teichbett verlängert die Lebensdauer der Folie auf jeden Fall.

Ein naturbelassener Gartenteich entsteht

Die Teichfolie dient praktisch nur zum Festhalten des Wassers. Sie ist selbst kein Gestaltungselement

Die schwarze Folie verschwindet unter den Kieseln

Mehr als zehn Jahre bleibt die Folie völlig dicht

Materialien für Polsterung und Unterbau von Folienteichen

Am einfachsten können Sie den Teichunterbau auf einem sandigen oder lehmigen Boden oder einem anderen feinkörnigen mineralischen Substrat vorbereiten. Hier brauchen Sie nach dem Erdaushub nur Steine, Wurzeln und andere grobe Bestandteile zu entfernen und das Teichprofil zu modellieren. Schon ist das Teichbett zum Auskleiden mit der Folie bereit.

Keinesfalls sollten Sie die Folie aber direkt auf humosen, durchwurzelten Boden auflegen, denn die Humusstruktur verändert sich unter Umständen mit der Zeit. So können sich beispielsweise aufgrund absterbender Wurzeln Hohlräume unter der Folie bilden. Es besteht dann die Gefahr, dass der Wasserdruck die Folie in diese Hohlräume hineinpresst und die Folie dabei reißt. Auch wenn der Boden sehr steinig ist, müssen Sie den Untergrund unbedingt auspolstern. Bei steinigem Boden drückt sich die ungeschützte Folie nämlich permanent gegen die Steine, die bei Frost, der unter Umständen bis in eine Tiefe von etwa 70 cm wirkt, hochgeschoben werden. Mit der Zeit kann die Folie durch diese ständigen Spannungen mürbe werden und reißen.

Zum Auspolstern des Teichbetts können spezielle Vliese eingelegt werden, oder man baut eine Schicht aus feinem Sand ein. Wenn Sie mit Sand arbeiten wollen, sollten Sie das Teichbett etwa 10–20 cm tiefer als geplant auskoffern und mit einer ebenso dicken Sandschicht auskleiden. Dicke Wurzeln lebender Bäume, die ins Teichbett ragen, müssen zuvor großzügig freigelegt und mit der Säge abgetrennt werden.

Ein sorgfältig gepolstertes Bett erhöht die Lebensdauer eines Folienteichs

Wenn Ihnen das Auspolstern mit Sand zu mühsam ist, können Sie auch zu Teichvlies greifen. Die verrottungsfesten Matten aus Kunststoffgewebe bieten Schutz selbst gegen scharfe Glassplitter. Außerdem lassen sie sich infolge ihres ziemlich geringen Gewichts leicht verlegen. Besonders vorteilhaft sind diese Matten bei Teichprofilen mit steilen Böschungen. Dort bereitet es erhebliche Schwierigkeiten, eine Schutzschicht aus Sand aufzutragen. Allerdings ist das Vlies nicht billig. Es kostet ebenso viel wie eine preiswerte Teichfolie.

Ein Teichbett wird ausgepolstert

Hier wird Teichboden erst mit Sand ausgepolstert. Zusätzlichen Schutz bietet ein spezielles Teichvlies

Auf dem weichen Unterbau liegt die Folie sicher. Das Sand-Vlies-Polster schützt vor Beschädigungen

Überschüssige Teichfolie lässt sich ganz einfach mit einem Messer abtrennen

Böschungsmatten für Folienteiche einlegen

Ähnlich wie beim Auspolstern des Teichbetts mit Sand macht es auch Probleme, steil ansteigende Uferböschungen von Folienteichen mit Kies oder Sand abzudecken. Im Handel sind daher Hilfsmittel für die Ufergestaltung erhältlich. So genannte Böschungsmatten gibt es aus Naturfasern (z. B. Kokosfasern) und aus Kunststoffgewebe. Sie können an steilen Stellen nützlich sein, wo der Kies abrollt. Die Matten geben Uferpflanzen Halt, die den Teichrand dann mit der Zeit begrünen. Böschungsmatten lassen sich auch nachträglich noch in einen bestehenden Teich einbringen.

Steilwände kann man aber ebenso mit großen Steinen „anböschen", die vom Teichboden bis ans Ufer aufgeschichtet werden. Dabei entstehen viele Hohlräume, die kleinen Wassertieren Unterschlupf bieten. Allerdings muss man die erforderlichen Steine per Lkw heranschaffen lassen, denn schon bei mittleren Teichen kommt sehr schnell ein Bedarf von mehreren Tonnen Steinen zusammen.

Sand und Kies

Den Sand zum Auspolstern und den Kies zum Kaschieren der Folie kann man sich per Lkw liefern lassen (siehe im Branchentelefonbuch unter „Sand und Kies"). Dabei verursacht der Baustoff selbst keine hohen Kosten. Es lohnt sich also, gleich die ganze benötigte Menge zu bestellen, falls man Platz für die Zwischenlagerung hat. Der Kies macht den Teich erst richtig schön – und er schützt die wertvolle Folie.

Fertigteiche aus Hartkunststoff

Im Prinzip eignet sich schon ein größerer Mörtelkübel als Mini-Wasserbecken. Wenn Sie mehrere solcher Wannen geschickt gruppiert eingraben, kann bereits eine recht ansehnliche Wasserlandschaft entstehen.

Neben den Teichfolien bietet der Handel heute auch eine Vielzahl vorgeformter Kunststoffbecken für den Teichbau an. Diese machen einen stabilen Eindruck und wirken haltbarer und robuster als Folien. Die starren Wannen werden wie umweltschonende Teichfolien aus Polyethylen (PE), aus glasfaserverstärktem Polyester (GFK) oder ähnlichen Kunststoffen hergestellt. Sie geben also weder Schadstoffe ans Wasser noch ans Erdreich ab. Die Wannen sind völlig frostfest und UV-Licht-beständig. Es gibt aber durchaus Qualitätsunterschiede, die am besten direkt am Objekt zu erkennen sind. Beim Vergleich im Gartencenter oder beim Fachhandel ist beispielsweise die Dicke und Festigkeit der Wandung zu prüfen. Gute Ware ist ganz ein-

Folie am Teichrand

Eine Dochtwirkung entsteht, wenn man die Folie an den Rändern flach auslegt. Dann können Uferpflanzen (z. B. Gräser) mit ihren Wurzelausläufern in den Teich hinein wachsen.

Stellt man aber die Folie am Rand steil auf, entsteht eine Saugsperre. Angehäufelte Kiesel geben der Folie den nötigen Halt. Auf diese Weise werden Teich und Uferbepflanzung getrennt.

Materialien aus dem Gartencenter

Kunststoffbecken gibt es in vielen Größen

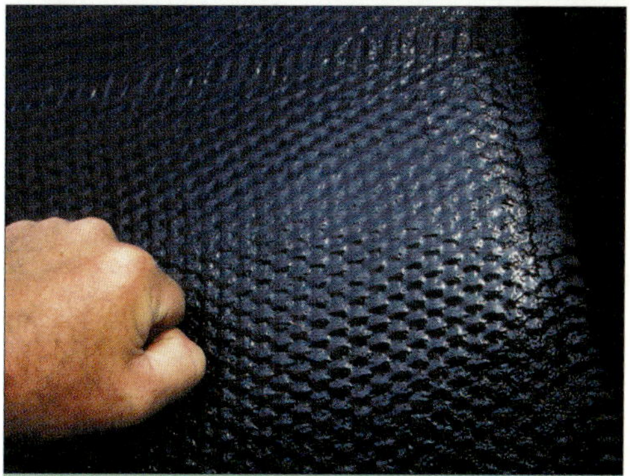

Hochwertige Kunststoffbecken sind äußerst stabil

Besandete Kunststoffelemente für Bachläufe

Böschungsmatte aus Kokosfasern

fach und deutlich bei Berührung erkennbar. Die Wände sind extrem starr und mit Fasern verstärkt. Becken mit verhältnismäßig dünnen und nicht verstärkten Wänden können leicht reißen, wenn sie beim Transport oder auch beim Einbau verkantet werden. Dann sind Reparaturen schwierig.

Das Angebot an Fertigteichen ist mittlerweile sehr umfangreich. Es reicht vom Mini-Becken mit 200–300 l bis hin zu großen Becken mit 5–6 m^3 Fassungsvermögen. Es ist auch möglich, mehrere kleine Teichbecken unterirdisch miteinander zu verbinden. Dazu werden Muffen und Schlauchstücke angeboten, die man in die Teichwand einlässt. So haben alle miteinander verbundenen Teiche den gleichen Wasserstand. Vorgesetzte Filter verhindern ein Verstopfen der Verbindungen.

Oft haben die Händler auch Schauanlagen mit Musterteichen. Hier sind verschiedene Kunststoffbecken fertig eingebaut und bepflanzt zu begutachten. Die Lieferung erfolgt dann auf Bestellung per Lkw ans Haus. Der Kauf eines Produktes einer Markenfirma erspart unangenehme Überraschungen. Für gute Produkte spricht eine Haltbarkeitsgewähr von 15 Jahren, sie sind aber meist doppelt so lange beständig. Einige Teichbeckenbauer sind nicht von ungefähr auch Bootsbauer!

Es liegt in der Natur der Sache, dass Fertigteiche nicht beliebig groß hergestellt werden können. Außerdem wird der Transport irgendwann zum Problem. Die größten Becken fassen 5–6 m^3 Wasser. Noch größere Fertigteiche lassen sich nur noch in Elementbauweise herstellen. Die dazu angebotenen Module haben Flansche, an denen man die Elemente miteinander verschraubt. Auf diese Weise können runde Becken oder andere Formen geschaffen werden, je nachdem, welche Teile man kombiniert. Bei der Planung helfen Prospekte und Papp-Schablonen. Allerdings gibt das Gartengelände – und auch das Budget – meist ohnehin Form und Größe vor. Für den Preis eines einzigen Elements eines solchen Baukastensystems ist bereits ein kleines gewöhnliches Becken zu haben. Außerdem stellen bei solchen großen Modulteichen die fachgerechte Montage und der höhengleiche Einbau ins Erdreich den Hobbygärtner vor ziemliche Probleme.

Teichzubehör

Für die Anlage eines naturnahen Teichs genügt eigentlich ein Stück Folie oder ein kleines Fertigbecken. Allerdings erleichtern verschiedene Utensilien die Pflege, andere machen den Wassergarten attraktiver. Wer sich nicht mit einem einfachen naturnahen Wassergarten begnügt, sondern Lichteffekte oder Wasserspiele haben möchte, braucht das entsprechende Zubehör. Allerdings sind solche technischen Einrichtungen sorgfältig auszuwählen und zu installieren, damit sie keinen Schaden verursachen und richtig funktionieren. Vor allem müssen elektrische Einrichtungen absolut sicher sein!

Als Quellstein durchbohrter Kieselfindling

Natürlich ist vorab zu überlegen, ob ein Gartenteich Wasserspeier oder Fontänen verträgt, denn diese können eventuell die Pflanzen stören. Keinesfalls sollte der Wasserschwall einer starken Pumpe auf Seerosenblätter treffen. Das vertragen die Pflanzen überhaupt nicht.

Quellsteine, Springbrunnen, Wasserspeier und dergleichen werden besser in einem separaten Becken oder an einer unbepflanzten Stelle im Teich platziert. Hier können solche Wasserspiele durchaus zur Belebung beitragen, zumal das sprudelnde Wasser ein angenehmes Plätschern bewirkt und gleichzeitig die Belüftung des Wassers verbessert. Eine Pumpe mit ausreichender Leistung, die einen kräftigen Sprudel erzeugt, kann im Winter sogar als Eisfreihalter dienen. Die ständig bewegte Wasseroberfläche friert nicht so leicht zu wie ein ruhiger Teich.

Sehr angenehm ist ein Wasserspiel direkt neben der Terrasse. Das kann ein Sprudelstein sein, ein kleiner Quellbrunnen oder ein Frosch, der Wasser speit. Für einen schon recht kräftigen Wasserstrahl ist eine Teichpumpe mit 20 bis 40 Watt Leistung ausreichend. Die Pumpe fördert das Wasser aus dem Teich durch einen Schlauch zum Sprudelbecken beziehungsweise zu einem anderen Wasserspiel. Dort läuft es dann sichtbar und hörbar wieder zum Teich zurück. Ein Wasserspiel lässt sich einfacher und kostengünstiger einrichten als ein Bach, und es hat doch eine recht gute Wirkung.

Lichteffekte durch Unterwasserlampen dürfen keine Unruhe in den Teich bringen. Die Tiere im Teich brauchen die nächtlichen Ruhezeiten. Die Strahler sollten jedenfalls nicht das ganze Teichbecken ausleuchten, sondern nur stellenweise wirken, sodass sich die Fische, Lurche und andere Tiere in dunkle Zonen zurückziehen können. Damit sie sich an die Strahler gewöhnen, ist es günstig, bestimmte Zeiten einzuhalten. Willkürliches Ein- und Ausschalten sollten Sie unterlassen, weil es die Tiere erschreckt.

Bei der Auswahl von Teichzubehör sind die Kataloge der Hersteller hilfreich oder auch die Ausstellungen der Gartenfachmärkte. Hier findet man

Die spezielle Teichpumpe für den Betrieb eines Sprudelsteines wird vorbereitet

neben dem dekorativen Zubehör für die Teichgestaltung auch Utensilien, die beispielsweise die Pflege erleichtern. So etwa Chemikalien zum Prüfen der Wassergüte, Netze zum Laubfangen, Gittertöpfe für Wasserpflanzen, Böschungsmatten zur Uferbefestigung, Zangen zum Entnehmen von Fremdkörpern und vieles mehr.

Pumpen

Für den Betrieb eines Bachlaufs, eines Quellsteins oder einer Wasserfontäne braucht man natürlich eine Pumpe. Der Quell sprudelt nur richtig, wenn die Förderleistung der Pumpe passt. Sie muss der vorgesehenen Fontäne bzw. der Förderhöhe angemessen sein, die bei einem Bachlauf von der Wasseroberfläche im Mündungsbecken bis zur Quelle zu überwinden ist. Zu beachten sind auch der Durchmesser des Förderschlauchs und die gewünschte Sprudelstärke. Eine einfache Tauchpumpe oder Entwässerungspumpe aus dem Baumarkt ist übrigens bestens für einen Bachbetrieb geeignet und preiswert zu haben.

Ein kleiner Springbrunnen belebt die Wasserstelle. Für diese Pumpe gibt es verschiedene Düsen

Eine Pumpe mit beispielsweise 300 Watt Leistung hat eine maximale Förderhöhe von ca. 6 m sowie eine maximale Förderleistung von 8000 l pro Stunde bzw. 130 l pro Minute. Die Fördermenge verringert sich mit der Förderhöhe. Bei einer Förderhöhe von beispielsweise 2 m schafft eine 300-Watt-Tauchpumpe immer noch 7000 l Wasser in der Stunde. Das reicht für einen kräftigen Sprudel und den dazugehörigen Bachlauf. Neben solchen Kolbenpumpen, die sich auch zur Wasserförderung aus einem Brunnen eignen, gibt es zahlreiche Pumpentypen speziell für Gartenteiche. Es sind vorwiegend Kreiselpumpen, die mit Wechselstrom arbeiten. Diese Teichpumpen erzeugen je nach Düse eine Wasserfontäne, einen Sprudel oder einen Wasserstrahl.

Ein Filter entfernt Schwebteilchen

Filter

Viele Teichbesitzer klagen im Sommer über trübes Wasser. Die Ursache sind Algen, die sich bei starker Sonneneinstrahlung und einem hohen Nährstoffangebot des Wassers zwangsläufig entwickeln und im schlimmsten Fall sogar den Teich „umkippen“ lassen können. Dann bildet das Teichwasser

Installation eines Filters in einer Filterkammer neben dem Teich

Als Filterkammer dient eine Regentonne

→ Die Teichfolie wird in die ausgeschnittene Tonne ...

... geführt und dort mit Silikon verklebt

→ Nun setzt man den Filter ein und führt den ...

... Schlauch zu einem Sprudelstein

→ Der Ansaugschlauch liegt auf dem Teichboden

Es gibt auch fertige Filterelemente zur separaten Installation neben dem Teich

eine grüne Brühe, in der jegliches andere Unterwasserleben abstirbt. Damit es nicht so weit kommt, benutzt man kein nährstoffhaltiges Pflanzsubstrat, sondern ausschließlich Sand und Kies. Gleichzeitig setzt man Pflanzen ein, die viele Nährstoffe aufnehmen. Dann bleibt das Wasser stets klar.

Wer nun aber unbedingt Goldfische oder Zierkarpfen in seinem Gartenteich halten will und diese Fische dann regelmäßig füttert, wird auch bei richtiger Bepflanzung über trübes Wasser klagen. Die Ausscheidungen der Fische verursachen in diesem Fall ein Nährstoffangebot, das zu Algenwachstum führt. Außerdem wühlen die Fische auf dem Teichgrund und wirbeln so Trübstoffe im Wasser auf. Hier hilft dann nur noch ausgeklügelte Filtertechnik, um den Teich wieder klar zu machen.

Ein leistungsfähiger Druckfilter schafft 2000 Liter Wasser pro Stunde. Dieser große Filtertyp sollte in ein separates Becken neben dem Teich eingesetzt werden. Dazu können Betonringe dienen, die am Ufer in den Boden eingesenkt und wasserdicht versiegelt sind. Gut geeignet ist auch eine Regentonne, die gleichermaßen eingesenkt oder in die Betonringe gestellt wird. Dieses Filterbecken am Teich muss bündig zur Wasseroberfläche im Boden sitzen und einen Zulauf vom Teich haben. Eine Verbindung zum Wasser ist durch einen Ausschnitt möglich, in welchen die Teichfolie überlappt. Eine leistungsfähige Pumpe, die im Teich steht, befördert das Wasser zum Filter. Dieser entfernt die groben Schmutzteilchen mit einem Schaumstoffgewebe und wandelt organische Stoffe mit Hilfe von Bakterien in pflanzenverträgliche Nährstoffe um. Nach dem Durchlauf sprudelt das gefilterte Wasser wieder in den Teich zurück. Das kann recht wirkungsvoll an einem Quellstein oder einem Wasserspeier erfolgen. Der Einbau eines leistungsfähigen Filters ist auch nachträglich noch machbar.

Solarstrom praktisch nutzen

Pumpen für kleinere Wasserspiele am Gartenteich lassen sich mit kostenlosem Solarstrom betreiben. Die Anzahl der Module richtet sich nach der Leistung: Eine kleine Pumpe benötigt etwa 10 Watt, eine große Solar-Teichpumpe schon 40 Watt. Zu beachten ist, dass die Module natürlich nur bei voller Sonne und optimaler Ausrichtung ihre Maximalleistung bringen. Trübes Wetter oder ein bewölkter Himmel vermindern die Wirkung der Module wesentlich; der Schwall eines solarbetriebenen Wasserspiels wird deutlich schwächer oder versiegt sogar gänzlich.

Ein kleines Solarmodul bringt – zusammen mit der passenden Pumpe – schon einen recht kräftigen Sprudel zustande

Pflanzen für den Gartenteich

Die optische Wirkung, vor allem aber das ökologische Gleichgewicht und die Wasserqualität sind wesentlich von der Bepflanzung eines Gartenteichs abhängig. Pflanzen entnehmen dem Wasser Nährstoffe, Unterwasserpflanzen reichern es zudem mit Sauerstoff an

Seerosen sind die beliebtesten Teichpflanzen

Das richtige Substrat wählen

Die größten Fehler beim Anlegen eines Gartenteichs werden gewöhnlich bei der Bepflanzung gemacht. An erster Stelle ist das Einbringen normaler nährstoffhaltiger Erde als Pflanzsubstrat zu nennen. Gartenerde oder gar noch nährstoffreicherer Kompost begünstigen natürlich das Wachstum der wüchsigen Arten unter den Wasserpflanzen. Solche Substrate sind aber völlig ungeeignet und gehören nicht in einen Teich, weil sie die Algenbildung fördern. Am besten ist ein nährstoffarmes Substrat wie Sand oder Kies; die Wasserpflanzen filtern ja ohnehin Nährstoffe aus dem Wasser. Nur beim Einsatz der Pflanzen in Töpfen kann man in kleinen Mengen spezielle Teicherde benutzen und mit Sand oder Kies strecken. Gewöhnlich genügt es, die Topfpflanzen aus der Gärtnerei direkt in den Uferkies bzw. in die Kieselschicht am Teichgrund einzusenken (natürlich ohne die Kunststofftöpfe), oder man pflanzt sie in Gittertöpfe mit Sand oder Kies und setzt sie dann an den passenden Ort.

Wenige Pflanzen verschiedener Arten genügen. Falls nötig – was jedoch unwahrscheinlich ist –, kann man später immer noch nachpflanzen. Ebenso sparsam sind Schwimm- oder Tauchpflanzen wie etwa die Wasserpest (*Elodea*) oder die Krebsschere (*Stratiotes*) einzusetzen, denn sie wuchern auch ohne Bodenberührung stark. Sie lassen sich allerdings recht einfach mit einem Rechen abfischen, wenn sie überhand nehmen; ebenso wie Algen!

Wasserpflanzen sind meist recht anspruchslos

Pflanzenauswahl

Art	Wassertiefe
Feuchtzone (zeitweise überschwemmt)	
Blutweiderich *Lythrum salicaria*	0–10 cm
Echtes Mädesüß *Filipendula ulmaria*	0–10 cm
Gilbweiderich *Lysimachia thyrsiflora*	0–10 cm
Großer Wiesenknopf *Sanguisorba officinalis*	0–10 cm
Scharfer Hahnenfuß *Ranunculus acris*	0–10 cm
Sumpfbaldrian *Valeriana dioica*	0–10 cm
Wiesenknöterich *Polygonum bistorta*	0–10 cm
Sumpf- und Flachwasserzone (ständig feucht)	
Sumpfiris *Iris pseudacorus*	0–10 cm
Sumpfdotterblume *Caltha palustris*	0–20 cm
Wollgras *Eriophorum*	0–20 cm
Fieberklee *Menyanthes trifoliata*	10–20 cm
Blumenbinse *Butomus umbellatus*	10–30 cm
Froschlöffel *Alisma plantago-aquatica*	10–30 cm
Kalmus *Acorus calamus*	10–30 cm
Pfeilkraut *Sagittaria sagittifolia*	10–30 cm
Rohrkolben *Typha latifolia*	10–30 cm
Schilfrohr *Phragmites australis*	10–30 cm
Sumpfbinse *Juncus effusus*	10–30 cm
Wasserminze *Mentha aquatica*	10–30 cm
Tannenwedel *Hippuris vulgaris*	20–50 cm

Selbst tropische Wasserpflanzen gedeihen im Garten, wenn sie in ein sonnig liegendes Becken kommen

Art	Wassertiefe
Tiefwasser (Tauchblatt- und Schwimmblattpflanzen)	
Hornkraut *Ceratophyllum demersum*	30–80 cm
Laichkraut *Potamogeton*	30–80 cm
Wasserpest *Elodea canadensis*	30–80 cm
Tausendblatt *Myriophyllum spicatum*	30–100 cm
Seekanne *Nymphoides peltata*	50–80 cm
Seerose *Nymphaea*-Arten und -Sorten	50–150 cm
Gelbe Teichrose *Nuphar lutea*	80–150 cm
Schwimmpflanzen	
Krebsschere *Stratiotes aloides*	
Wasserlinse *Lemna minor*	
Wasserhyazinthe *Eichhornia* (frostempfindlich)	

Rohrkolben, Schilf und Binsen sind für ihre Vitalität bekannt. Wo sie Fuß gefasst haben, wuchern sie einen Teich in Kürze zu. Diese wüchsigen Wasserpflanzen sind sparsam einzusetzen, damit noch Platz ist für andere Pflanzen und natürlich auch etwas von der Wasserfläche übrig bleibt. Grundsätzlich gilt bei der Teichbepflanzung: Wenig bringt mehr! Immerhin soll ja die Wasserfläche gut zur Wirkung kommen und nicht zuwachsen. Dies geschieht nämlich schneller, als man vermutet. Zwei oder drei Rohrkolben und ein paar Schilfpflanzen „schaffen" einen kleinen Gartenteich in wenigen Jahren. Solche Wucherer sind ungeeignet, oder sie bekommen eine Sperre, sodass sie keine Ausläufer treiben können. Am besten setzt man sie in Kübeln ein. Das gilt auch für andere vitale Pflanzen wie Seerosen, Binsen und Hahnenfuß; ein Teich bietet ohnehin nur Raum für wenige Pflanzen. Während die Bepflanzung im Teich sehr spärlich sein sollte, damit das Wasser und die Kiesel sichtbar bleiben, lässt sich der angrenzende Bereich rund um den Teich üppiger mit Stauden, Gräsern und Gehölzen gestalten. Die Bepflanzung muss hier jedoch streng vom Teich abgegrenzt sein.

Caltha palustris

Einige empfehlenswerte Wasserpflanzen im Porträt

Sumpfdotterblume

Caltha palustris; Ranunculaceae

Neben Wasserschwertlilien macht sich die Sumpfdotterblume als willkommener Frühblüher bemerkbar. An Bächen breitet sich diese mehrjährige winterharte Blütenstaude gelegentlich wild aus. Sie kommt in Europa, Asien und Nordamerika vor. Die dottergelben Blüten öffnen sich im März/April. In Kultur sind auch weiße Sorten zu finden. Obwohl Sumpfdotterblumen vorzugsweise am Wasser wachsen und ein wechselfeuchtes Milieu am besten vertragen, nehmen sie auch gelegentliche Trockenheit hin. Die Ansiedlung ist allein wegen des frühen Flors empfehlenswert. Nach der Blüte, die nur wenige Wochen anhält, passt sich die Sumpfdotterblume der übrigen Ufervegetation an.

● Eigenschaften: völlig winterhart und ausdauernd, bildet zunehmend üppigere Bestände, pflegeleichte Uferstaude.

Tannenwedel

Hippuris vulgaris; Hippuridaceae

Diese Wasserstaude, die botanisch eine eigene Familie – die der Tannenwedelgewächse (Hippuridaceae) – bildet, ist in vielen Regionen der Erde verbreitet, insbesondere in Europa, Nordasien und Amerika. Sie wurzelt bis in einer Tiefe von etwa 50 cm im Teichgrund und treibt dunkelgrüne quirlige Triebe nach oben. Bei niedrigem Wasserstand ragen diese „Tannenwedel“ senkrecht bis 50 cm in die Luft. Die vitale Staude breitet sich durch Wurzelausläufer aus. Die grünen Blüten sind unauffällig und ohne Zierwert.

● Eigenschaften: völlig frostharte und pflegeleichte Wasserpflanze, trägt zur Sauerstoffproduktion bei.

Hippuris vulgaris

Iris pseudacorus

Wasserschwertlilie

Iris pseudacorus; Iridaceae

Eine der wohl schönsten Wasserpflanzen, die in Europa, Vorderasien, Nordafrika und Nordamerika wild an Bächen, Flüssen und Seen vorkommt, ist die Wasserschwertlilie. Der botanische Name weist auf ihre Ähnlichkeit mit dem Kalmus (*Acorus calamus*) hin. Die Blätter der Wasserschwertlilie bleiben oft bis in den Winter grün. Unverkennbar machen die gelben Blüten diese mehrjährige Flachwasserstaude. Sie öffnen sich im Juni. Die üppigen Staudenhorste erreichen mehr als 1 m Höhe. Die Blüten ragen darüber hinaus.

● Eigenschaften: zuverlässig blühende, genügsame Flachwasserpflanze. Ist ausgesprochen starkwüchsig und bildet dichte Bestände.

Fieberklee

Menyanthes trifoliata; Menyanthaceae

Der Fieberklee, der früher als Heilpflanze unter anderem gegen Verdauungsstörungen, Appetitlosigkeit und Entzündungen diente, wird heute im Garten nur noch als Zierpflanze kultiviert. Die medizinische Nutzung ist Spezialbetrieben vorbehalten. Dank ihrer starken Ausläuferbildung hat sich diese mehrjährige Staude in vielen Regionen der nördlichen Hemisphäre angesiedelt. Sie breitet sich vor allem in Sumpfzonen aus, von wo sie ins flache Wasser vordringt. Typisch sind die dreilappigen Blätter. Ebenso dekorativ wirken die großen weißen Blütenstände, die sich im Mai/Juni entfalten. Sie erreicht eine Gesamthöhe von etwa 30 cm.

● Eigenschaften: sehr schöne Blütenstaude mit ungewöhnlichen, ebenfalls dekorativen Blüten, recht ausdauernde und zudem pflegeleichte Flachwasserpflanze.

Menyanthes trifoliata

Zwergseerose

Nymphaea alba

Seerosen bilden einen Teppich aus Blättern

Seerosenzüchtung in Rot

Nymphaea alba

Nymphaea 'James Brydon'

Seerose

Nymphaea-Arten und -Sorten; Nymphaeaceae

Ein Teich ohne Seerosen ist wie ein Garten ohne Rosen. Die Fülle an Arten und Sorten bietet für jeden Teich und Geschmack etwas. Es gibt Wildarten wie die heimische Weiße Seerose (*Nymphaea alba*) und eine Reihe von weißen, gelben, roten oder rosafarbenen Züchtungen. Selbst in kleine Wasserbecken sind Zwergformen einsetzbar (z.B. *N. alba* 'Minor'). Wer es exotisch mag, bekommt in Spezialbetrieben auch blaue Sorten (z.B. *N. a.* 'Panama Pacific').

Seerosen zählen zu den ausdauernden Stauden. Sie bilden im Schlamm des Teichbodens bis zu armdicke Wurzeln, die vom Frühjahr bis zum Herbst Blätter und Blüten an die Wasseroberfläche treiben. Im Winter ziehen sie ein und überdauern in den Wurzeln. Die Hauptblütezeit dauert etwa von Juni bis August.

● Eigenschaften: Ohne Zweifel gehört diese prächtige Blütenstaude zu den schönsten Wasserpflanzen; Seerosen sind ausdauernde und genügsame Tiefwasserpflanzen.

Seerosen bilden eine Vielzahl prächtiger Blüten

Die Art Nymphoides humboldtiana blüht weißlich

Seekanne

Nymphoides peltata; Menyanthaceae

Die gelb blühende Seekanne sieht wie eine kleine Verwandte der Teichrose aus. Sie zählt jedoch zu den Fieberkleegewächsen (*Menyanthaceae*) und ist nur entfernt mit den Teichrosen verwandt. Die Schildartige Seekanne (*Nymphoides peltata*) kommt vor allem in seichten Gewässern mit einem Wasserstand von nur 30–50 cm oder an flach auslaufenden Seerändern von Europa bis Ostasien wild vor. Sie ist jedoch selten und steht unter Naturschutz. Wie die Seerose wurzelt die Seekanne in schlammigem Boden und breitet sich mit Wurzelrhizomen aus. Die kleinen Blüten entwickeln sich von Juli bis September.

● Eigenschaften: Die kleine Wasserpflanze hat ihren besonderen Wert als ausdauernde Staude in kleinen Wasserbecken, hier bringt sie jedes Jahr zuverlässig ihre sattgelben Blütchen hervor.

Sagittaria sagittifolia

Pfeilkraut

Sagittaria-Arten; Alismataceae

Das Pfeilkraut gehört zur Familie der Froschlöffelgewächse (Alismataceae). Weltweit sind mehr als 10 verschiedene Arten verbreitet. Für den Garten kommen insbesondere das Breitblättrige Pfeilkraut (*S. latifolia*) und auch das Pfeilblättrige Pfeilkraut (*S. sagittifolia*) in die engere Auswahl. Beide sind mehrjährige Stauden, sie entfalten ein aufrechtes, ungefähr 50 cm hohes Blattwerk und bringen im Juni/Juli weiße Blüten hervor.

● Eigenschaften: Das Pfeilkraut ist wegen der schönen Blätter und der zarten weißen Blüten eine recht sehenswerte Staude für Flachwasserbereiche in Teichen oder Gräben. Es gedeiht aber auch in Wasserbecken.

Simse

Scirpus-Arten; Cyperaceae

Simsen gehören mit dem Schilf, den Rohrkolben, den Binsen und anderen Gräsern zur Randvegetation vieler Gewässer. Sie sind weltweit verbreitet und kommen in vielen Arten vor. Es gibt kleine, die nur 30 cm hoch werden, und große, die 1 m Höhe erreichen. Die wenig auffälligen braunen Blüten öffnen sich im Juni/Juli. Die Samen tragen dann zur Verbreitung bei.

● Eigenschaften: In Naturteichen bilden Simsen dichte Bestände in Randzonen. Sie lassen sich auch in Wasserbecken kultivieren.

Scirpus in Betonringteich

Blühende Krebsscheren

Krebsschere (Wasseraloe)

Stratiotes aloides; Hydrocharitaceae

Eine sonderbare Schwimmpflanze, die in keinem Wassergarten fehlen sollte, ist die Krebsschere. Sie gehört zu den Froschbissgewächsen (Hydrocharitaceae) und kommt in Europa und Vorderasien wild vor. Im Juni/Juli lässt das sternförmige Gebilde recht schöne weiße Blüten in den Blattachseln aufblühen. Das Besondere aber ist ihr Verhalten: Sie sinkt im Herbst ab und überwintert auf dem Teichgrund. Im Frühjahr taucht sie dann wieder auf. Während der Saison vermehrt sie sich durch Brutpflanzen, so genannte Kindel.

● Eigenschaften: Die sonderbaren Schwimmer oder Taucher eignen sich zum Einsatz in kleinen oder großen Teichen oder auch in Wasserbecken.

Rohrkolben

Typha-Arten; Typhaceae

Die Rohrkolben, die eine eigene botanische Familie (Typhaceae) bilden, haben ihren Namen von den braunen Blütenkolben, die sie im Juli/August entwickeln. Sie reifen im Herbst aus und zerfallen nach und nach in unzählige Samen, die der Wind weit verbreitet. Die verschiedenen Arten sind auf der nördlichen Erdkugel und in Australien recht häufig. Sie tragen mit dem Schilf zur Verlandung von Gewässern bei. Je nach Art erreichen diese sehr wüchsigen und ausdauernden Stauden eine Höhe von 50 cm bis 2 m.

● Eigenschaften: Die sehr wüchsige Wasserpflanze ist nur für große Teiche oder als Filterpflanze in Klärbecken geeignet. Sonst sollte sie nur eingedämmt kultiviert werden.

Rohrkolben

Tiere im Gartenteich

Ein Gartenteich zieht natürlich auch viele Tiere an. Vögel nutzen die Wasserstelle als Tränke. Ihnen erspart ein Teich oft weite Wege zu einem Fluss oder See. Für Lurche und Insekten ist der Gartenteich ein idealer Lebensraum. Einige kommen von selbst. Schon beim Teichbau fliegen manchmal die ersten Libellen über das trockene Bett – als ob sie wüssten, dass ein neues Gewässer entsteht. Sie nehmen jeden kleinen Tümpel gern an. Sogar die Fische kommen manchmal von selbst, und zwar aus der Luft – als Laich im Gefieder der Vögel!

Wer nicht darauf warten will, dass Fische von selbst den Gartenteich erobern, setzt vorzugsweise heimische Kleinfische wie Moderlieschen oder Bitterlinge ein, die sich auch in einem Wasserbecken wohl fühlen, wenn es ausreichendes Volumen und genügend Tiefe (mindestens 80 cm) hat, also frostsicher ist. Im Winter tauchen die Fische in die frostfreie Tiefstelle hinunter, wo sie dann ruhen.

Fische brauchen nicht eigens gefüttert zu werden, sie finden ihre Nahrung im Teich. Wie bereits erwähnt, sorgen sie dafür, dass Stechmücken-Larven kaum eine Chance haben, sich zu entwickeln. Fische und Frösche, die oft zuwandern, stören einander nicht. Günstig ist ein verwachsener unzugänglicher Uferstreifen, wo die Frösche gerne sonnenbaden und wo sie zum Überwintern lockere Erde finden. Eine gut zugängliche Uferstelle ist auch für Igel und andere Gartengäste wichtig, die so das Wasser gefahrlos zum Trinken erreichen.

Teiche mit steilen Ufern können für kleine Säugetiere zur Falle werden. Ein Brettchen dient in diesem Fall als Rettungssteg

Fische werden mit der Zeit zutraulich. Goldfische sind beliebt, vermehren sich aber schnell und verschmutzen das Wasser – insbesondere, wenn sie gefüttert werden. Besser sind heimische Kleinfische

Zu den kleinen Teichtieren gehören Wasserschnecken. Sie sind willkommene Algenputzer. Große Tiere wie etwa Enten oder Gänse verträgt kein Gartenteich. Denn sie fressen die mühsam angelegte Bepflanzung auf und verschmutzen in kürzester Zeit das Wasser.

Typische Teichbewohner

Goldfisch

Wasserfrosch

Posthornschnecken

Spitzhornschnecken fressen Algen

Libellenlarven

Libellen sind häufige Gäste

Am Anfang stehen die Erdarbeiten. Hier ist Maschinenkraft hilfreich

Folienteiche anlegen

Seit es dauerhaft dichte Teichfolien für die Auskleidung gibt, sind unzählige Teiche in Privatgärten wie auch in öffentlichen Anlagen entstanden. Es gibt mittlerweile mehr als 20 Jahre alte Folienteiche, die immer noch sehenswert sind. Die verwendeten Folien überdauern die garantierte Haltbarkeit um ein Vielfaches, wenn sie richtig verarbeitet werden. Dies ist gar nicht schwierig, wie im Folgenden gezeigt werden soll

Bodenaushub

Nach welchen Gesichtspunkten der ideale Platz für einen Gartenteich gefunden wird, haben wir bereits angesprochen (siehe Seite 18). Der Boden am gewählten Standort sollte tiefgründig sein, sodass es beim Erdaushub keine Schwierigkeiten gibt. Falls nötig, sollte man Hindernisse wie dicke Wurzeln, Wasserleitungen im Boden oder massive Felsbrocken umgehen oder ausgrenzen. Die elastische Teichfolie macht es möglich.

Markieren Sie an der vorgesehenen Stelle die Teichfläche mit Pflöcken oder mit Sand, und stechen Sie mit dem Spaten einen Graben in entsprechender Größe und Form aus. Rasensoden werden – falls vorhanden – kompostiert oder abseits gelagert. Der

Tipp Baggern statt schaufeln

Wenn Sie schon beim Hausbau an die Anlage eines Teiches denken, kann der Erdaushub von vorhandenen Baumaschinen eventuell gleich miterledigt werden. Für einen großen Bagger, der das Hausfundament aushebt, ist der Teichaushub ein Kinderspiel.

Bauen Sie Ihren Teich am Hang, ist es wichtig, die Böschungen zu sichern. Die Rückseite zum Hang muss eventuell mit einer Mauer oder einer Palisade gestützt werden, falls beim Erdaushub eine steile Böschung entstanden ist. Zudem muss der Teich auch vorn am Hang gesichert werden, wenn Sie den Erdaushub dort aufgeschüttet haben.

Grundriss lässt sich jetzt noch einfach ändern, etwa wenn eine runde Form Buchten bekommen oder eine schmale Nierenform erweitert werden soll. Änderungen sind natürlich auch während der Erdarbeiten möglich.

Auf jeden Fall sollte das Teichprofil eine abwechslungsreiche Form mit flachen und tiefen Plateaus aufweisen. Zu beachten ist, dass steile Böschungen das Ausbreiten der Folie und das Auskleiden mit Kieseln (oder anderen Natursteinen) erschweren. Flache Übergänge, wo die Kiesel liegen bleiben und nicht zum Teichgrund abrollen, erleichtern den Ausbau. Stellenweise sind aber auch Plateaus im Teichbett erwünscht. Die elastische Folie passt sich jedem Untergrund an. Zumindest stellenweise ist eine Tiefe von etwa 80 cm nötig, damit auch in einem extrem kalten Winter frostfreie Zonen bleiben. Der Übergang zum Ufer sollte weitgehend flach beschaffen sein. Damit der schwarze Kunststoff am Teichrand unsichtbar wird, ist besonders rundherum an den Uferzonen eine Abdeckung mit Natursteinen wünschenswert.

Kiesel verdecken die Teichfolie vollständig

oder einer Schnur. Zur tatsächlichen Länge und Breite rechnet man Überstände von etwa 50 cm hinzu. Zur gemessenen Länge und Breite wird also je 1 m hinzugefügt.

Den erforderlichen Erdaushub kann man bei kleinen Teichbecken ganz gut von Hand bewerkstelligen, zumal beim Gestalten des Untergrunds ohnehin viel Feinarbeit nötig ist. Sobald jedoch etliche Kubikmeter Erdreich bewegt und auch noch abgefahren werden müssen, lohnt sich der Einsatz geeigneter Maschinen wie Mini-Bagger oder Radlader. Man kann diese Maschinen – auf Wunsch mit Bedienungspersonal – mieten. Das Nacharbeiten des Teichbodens mit Spaten und Schaufel ist anschließend kein Problem.

Der Aushub lässt sich teilweise oder ganz beispielsweise für einen Ringwall oder zum Terrassieren einer Böschung nutzen. Mit einem Ringwall können Sie den Teich anheben, sodass der Wasserspiegel über dem Niveau des Grundstücks liegt. Auf diese Weise verringert man den erforderlichen Aushub ganz beträchtlich. Wenn der Aushub abgefahren wird, sollten Sie überlegen, ob nicht zumindest der oben liegende Mutterboden für die Bepflanzung der Teichumgebung oder an anderer Stelle im Garten gebraucht werden kann.

Nach dem Aushub sind spitze Gegenstände wie Steine, Wurzelstücke und dergleichen aus dem fertig geformten Teichbett zu entfernen. Auf sandigen Böden ist keine Auskleidung mit Vlies oder Sand nötig. Steinige Stellen lassen sich mit Sand polstern. Dieser Naturbaustoff hat dieselbe Wirkung wie spezielles Acrylfaservlies und kostet wesentlich weniger. Teichvliese sind oft teurer als die Teichfolie! Auch ausrangierte alte Teppiche können übrigens als Polster für die Folie dienen.

Die Folie wird möglichst erst ausgemessen und beschafft, wenn das Teichbett fertig ausgekoffert ist. Das Ausmessen geschieht mit einem Maßband

Teichbau

Planungs- und Arbeitsschritte

- ***Lage bestimmen***
- ***Größe festlegen***
- ***Erdaushub bewältigen***
- ***Teichbett polstern***
- ***Folie bemessen und besorgen***
- ***Teichbett mit Folie auskleiden***
- ***Teich ausgestalten, bepflanzen und fluten***
- ***Teichrand gestalten***

Teichbett auskoffern

Tiefe ausnivellieren

→ *Fertiges Teichbett*

Auskleiden und Einrichten

Sobald das Teichbett vorbereitet und entsprechend ausgepolstert ist, kommt die Folie hinein. Das gelingt bei großen und damit ziemlich schweren Folien am besten mit einigen Helfern, die rundherum anfassen und die Folie auseinanderziehen. Am besten wählt man für diese Arbeit einen warmen Sommertag, denn dann ist die Folie besonders weich und elastisch. Die glänzende Seite muss oben liegen. Man zieht die Folie so über die vorbereitete Mulde, dass sie rundum etwa den gleichen Überstand zum vorgesehenen Rand aufweist. Dann lässt man sie zunächst durch ihr Eigengewicht in die Mulde hineinrutschen. Wiederum wird kontrolliert, ob sie ringsum etwa gleichmäßig übersteht. Ist dies der Fall, beginnt man mit der Einrichtung des Teiches.

Zuerst wird eine Schicht Rollkies auf die am tiefsten liegende Stelle der Teichfolie gebracht. Gleichzeitig können Sie beginnen, Wasser einlaufen zu lassen. Der Wasserdruck presst dann die Folie fest ins Teichbett. Noch einmal die Lage der Folienränder rundum kontrollieren: Sie müssen überall etwa 50 cm überstehen. Jetzt sind noch letzte Korrekturen möglich. Der Wasserstand im Teich richtet sich später nach der niedrigsten Stelle. Der endgültige

Teichbett mit Sand auspolstern

➜ *Teichpolster aus Teppichen und Vlies*

Folie ausrollen

Zuschnitt der Folie geschieht deshalb erst, wenn der Teich völlig mit Kieseln ausgebaut, bepflanzt und vollständig geflutet ist.

Teichbepflanzung

Je nach gewünschtem Teich-Typ kommen die jeweils ausgewählten Pflanzen hinein. Die meisten Wasserpflanzen sind Wucherer. Deshalb setzt man sie vorzugsweise in einzelne Pflanzgefäße, die eine unkontrollierte Ausbreitung verhindern. Als Substrat dient Sand, der allenfalls mit ein wenig spezieller Teicherde versetzt wird. Die Wasserpflanzen holen sich die nötigen Nährstoffe ja aus dem Wasser. Keinesfalls – es wurde bereits erwähnt – darf Kompost oder nährstoffreicher Humus eingefüllt werden, weil solche Substrate eine starke Algenbildung bewirken.

Im ersten Schritt pflanzt man die für die Tiefwasserzone geeigneten Unterwasserpflanzen sowie Teichrosen und Seerosen (bei letzteren die empfohlene Pflanztiefe beachten). Mit dem Auskleiden der höher liegenden Böschungen und Plateaus werden weitere Pflanzen für die jeweiligen Wassertiefen eingesetzt. Gleichzeitig lässt man den Wasserstand entsprechend ansteigen, damit die Folie sich fest an den Teichboden presst.

Teichbau Schritt für Schritt *(Fortsetzung von Seite 49)*

Folie ausbreiten

➜ *Die Teichmulde ist abgedeckt*

Der Ausbau beginnt

Während im tiefen Wasser nur wenige ausgewählte Pflanzen wachsen, darf der flache Uferbereich etwas dichter bepflanzt werden. Wählen Sie aber dort, wo der Blick auf die Wasserfläche offen bleiben soll, nur einige wenige niedrig bleibende Pflanzen. Rund um den Teich darf es gerne üppig grünen. Der Grüngürtel kann, wo er nicht die Sicht auf den Teich einschränkt, aus kleinen Gehölzen, Stauden, Gräsern und Zwiebelpflanzen entstehen.

Zunächst wird aber die Teicheinrichtung mit Kieseln vollendet. Das völlige Bedecken der Fläche sowie der Pflanzinseln schützt die Folie vor schädlichen UV-Strahlen. Natürlich kann statt der weißen Kieselsteine auch Sand gewählt werden. Dies ist letztlich Geschmackssache. Sobald der Wassergarten feste Formen annimmt und der endgültige Was-

Info Materialbedarf

Für einen kleinen Teich mit 20 m² Wasserfläche und einer Tiefe von 80 cm brauchen Sie ca. 30 m² Folie und gegebenenfalls die gleiche Menge Vlies, als Alternative etwa 3 m³ Sand. An Rollkies zur Auskleidung werden rund 5 Tonnen benötigt.
Die Pflanzenauswahl richtet sich nach dem Teichprofil und dem persönlichen Geschmack.

Kiesschüttung

Neben dem Teich wird ein Bach angelegt

→ *Pflanzen beschaffen*

serpegel langsam erreicht ist, kann die Teichrandgestaltung beginnen. Sie ist am einfachsten, wenn man die Folie glatt auslegt und die Kiesschicht über den Folienrand hinaus laufen lässt. Dann ergibt sich ein nahtloser Übergang zwischen Teich und umgebendem Erdreich. Bei starkem Regen kann aber Erde ins Wasser geschwemmt werden, was zu einer ungewollten Erhöhung des Nährstoffangebots führt. Algenwachstum und trübes Wasser sind die Folge. Außerdem wachsen bei flach liegender Folie leicht Uferpflanzen in den Teich hinein, die dann Wasser saugen. Diese Dochtwirkung kann beispielsweise bei einem Gartenteich erwünscht sein, der ständig frisches Regenwasser durch ein Fallrohr vom Hausdach bekommt, insbesondere, wenn eine Sumpfzone angrenzt. Ansonsten wird man sie aber verhindern, denn sie kann im Sommer sehr schnell zu starkem Abfallen des Wasserspiegels

Tipp Folie schneiden

Die Folie lässt sich mit einem gewöhnlichen Gartenmesser oder einer stabilen Schere zuschneiden. Wenn es – etwa bei Teichrändern aus Holzbalken – auf gerade Schnittstellen ankommt, kann man die Folie mit Hilfe einer Richtlatte auf einem Brett zuschneiden.

 (Fortsetzung von Seite 51)

Bepflanzung

→ Teich fluten

Randbepflanzung während des Flutens

→ Wenige Tage nach der Anlage

führen. Die beschriebene Saugwirkung können Sie verhindern, wenn Sie die Folienränder aufrichten und dann von innen und außen Kiesel anfüllen. Danach wird die Folie rundherum bündig über der Wasseroberfläche abgeschnitten und völlig mit Kieseln bedeckt. Auf diese Art ist der Teich vom Umland getrennt. Die hochstehende Folie wirkt als Saugsperre.

Folienränder passend abschneiden

Selbstverständlich muss der Foliensaum rund um den Teich gleich hoch stehen, denn die niedrigste Stelle bestimmt den Wasserstand. Die Folie wird deshalb erst abgeschnitten, sobald der Wasserstand beim Fluten die gewünschte Höhe erreicht hat. Falls nötig, wird stellenweise mit Erde unterfüllt, damit die Folienränder höher zu liegen kommen.

Tipp Folienreste verwerten

Folienreste lassen sich je nach Größe zum Anlegen kleiner Wasserstellen nutzen oder zum Mulchen. Keinesfalls dürfen die Folien in Hausöfen verbrannt werden. Die Bezeichnung „bei der Verbrennung rückstandsfrei“ gilt nur für spezielle Müllverbrennungsöfen! Reste oder alte Folien gehören deshalb zur Wertstoffsammelstelle.

Teich einige Wochen nach der Anlage. Das Wasser ist völlig klar – auch ohne Filter

Nach einigen Jahren präsentiert sich die Anlage üppig begrünt

Schlauch auslegen

→ Erde auskoffern

Plateaus formen

→ Erde abfahren

Kleiner Teich in Handarbeit

Muskelkraft ersetzt die Maschine beim Bau einer kleinen Wasserstelle. Wenn etwa die Zufahrt zu einem Hinterhofgarten für einen Bagger oder Lader zu eng ist, bleibt nichts anderes übrig, als zu Spaten und Schaufel zu greifen. Aber auch mit dieser Methode kommt recht zügig eine schöne Teichgrube zustande. Vor allem lassen sich sehr genau Konturen und Plateaus in den Boden stechen. Die Aushuberde kann neben dem Teich zu einem Wall aufgeschüttet oder an anderer Stelle verwendet werden. Die Größe der Wasserstelle richtet sich selbstverständlich nach dem verfügbaren Platz.

Die Konturen des Teiches können sehr gut durch Auslegen eines Gartenschlauches markiert werden. Er gibt dann beim Auskoffern der Erde den Verlauf der Ufer vor. Anders als beim Einbau eines starren Kunststoffbeckens lassen sich bei einem kleinen Folienteich die Plateaus beliebig gestalten, die Folie passt sich jeder Form an. Übrigens ist auch bei kleinen Teichen mit steilen Ufern möglich, die Kunststoffschalung völlig zu verdecken.Dazu dienen entweder große Kiesel oder andere, vorzugsweise kantige Steine. Es müssen aber keine Natursteine sein, ebenso gut eignen sich Ziegel oder Pflasterklinker. Sie werden vorsichtig aufgeschichtet, damit die Folie nicht beschädigt wird.

Randsteine setzen

→ Folie ausbreiten

Folie einlegen

Überstehende Folie abschneiden

→ Sockel für Quellstein setzen

Ein kleiner Zierteich entsteht (Fortsetzung von Seite 55)

Ausbau mit Steinen

Rohteich nach dem Ausbau

→ *Ufergestaltung mit Rollkies*

Die Hohlräume zwischen den Steinen bieten kleinen Fischen und anderen Tieren Unterschlupfmöglichkeiten. Im Bildbeispiel wurden verschiedene Steine eingesetzt. Ein steiler Aufbau einer Mauer war in diesem flachen Teichbecken nicht nötig. Neben Kieseln lassen sich auch Pflastersteine für den Ausbau nutzen.

Ein großer Betonstein dient als Unterbau für einen schönen Sprudelstein. Der große Kiesel dafür wurde von einem Steinmetz mit einer Spezialmaschine durchbohrt, mit gewöhnlichen Bohrmaschinen sind solche harten Brocken nicht zu schaffen. Sie können aber auch einen anderen Stein als Sprudelstein auswählen. Sehr schön sieht beispielsweise ein alter Mühlstein aus, der in der Mitte eine Bohrung hat. Die Pumpe für den Wassersprudel lässt sich darunter im Betonwinkelstein verstecken.

An diesem Beispiel ist zu sehen, dass sich auch auf kleiner Fläche ein attraktiver Folienteich anlegen lässt.Wie bei großen Teichen liegt das Augenmerk besonders auf der Randgestaltung. Die Folienränder sollen nicht frei liegen, sondern mit Kieseln, kantigen Steinen oder mit Sand abgedeckt werden. Die hier gezeigte Einfassung mit Pflastersteinen trägt zur Ausformung bei. Die Folienränder können aber genauso bündig an den Rasen angrenzen.

Der fertige Teich – direkt nach Anlage ist das Wasser noch trub

Stabile Balken bilden hier die Teichwände

Holzrahmen-Teich

Als recht stabil und wasserdicht haben sich Teiche aus Holz und Folie erwiesen. Dazu wird aus Balken oder Brettern ein Rahmen gebaut. Dieser gibt dann beim Auskleiden mit Teichfolie die Form vor.

Solche hochgelegten Teiche haben den Vorteil, dass man keine Mulde ausheben muss. Auch die Entsorgung des ansonsten anfallenden Erdreichs kann man sich sparen. Ein weiteres Plus liegt darin, dass die Teichumrandung als Sitzfläche dienen kann. Man hat so einen unmittelbaren Kontakt zum Wasser, kann Fische und andere Teichbewohner sehr gut beobachten.

Die Folie wird beim Auskleiden im Eckbereich übereinander gefaltet. Das macht ihr nichts aus. Gefahr kann dem Kunststoff aber durch den Kontakt mit imprägniertem Holz drohen. Wenn Sie beispielsweise eine Teichumrandung aus Eisenbahnschwellen mit Folie belegen wollen, sollten Sie zuerst ein Vlies oder eine Schutzmatte auflegen, um Holz und Teichfolie voneinander zu trennen.

Bei einem hochgelegten Teich sind keine oder nur wenige Erdarbeiten erforderlich

Ein Schwimmteich statt des klassischen Swimmingpools

Wer in seinem Garten einen großen Teich von mehr als 20 m² anlegen will, spielt vielleicht mit dem Gedanken, diese Wasserstelle auch einmal für ein erfrischendes Bad und ein paar Schwimmzüge zu nutzen. Eigentlich ist das gar kein Problem. Man braucht nur ein wenig mehr Wassertiefe (mind. 120 cm) und ausreichend Bewegungsfreiheit.

Der Schwimmteich (hinten) wurde mit einem Biotop (vorn) kombiniert

Ganz wichtig ist auch ein guter Zugang. Denn schließlich will man nicht durch die sorgfältig angelegte Bepflanzung des Teichufers steigen und mit den Füßen den Bodenschlamm aufwirbeln. Ideal ist eine über die Wasserfläche hinausragende Holzterrasse oder zumindest ein Steg, der bis zur Tiefwasserzone reicht. Wenn dort noch eine Badeleiter angebracht wird, kann man ganz bequem ins Wasser seines Teichs eintauchen. Der Boden sollte im Einstiegsbereich nur mit Kies bedeckt sein. Es sollten keine Pflanzkörbe dort platziert werden.

Die Ufer werden mit Stauden wie Schilfrohr, Wasserschwertlilien und Rohrkolben bepflanzt. Die nehmen viele Nährstoffe aus dem Wasser und halten den Teich klar. Gegebenenfalls kann man zusätzlich eine Filteranlage einbauen.

Teichbecken mit Sitzbank, als Badebecken nutzbar

Teichbau mit Kunststoffbecken

Wer auf kleinem Raum einen Gartenteich mit verschiedenen Pflanzebenen und einem festen Randbereich anlegen will, tut sich bei der Verarbeitung von Folie schwer. Hier haben Fertigbecken eindeutig ihre Vorteile. Sie bieten auch bei kleiner Wasseroberfläche eine relativ große Gesamtfüllmenge und damit die Voraussetzungen für ein ökologisches Gleichgewicht. Zudem kann man beim Einbau eigentlich nicht viel falsch machen

Seerosen gedeihen auch in einem kleinen Kunststoffbecken

Das Fertigbecken ins Erdreich einlassen

Zuerst die genaue Lage festlegen

→ Fürs Grobe wird der Mini-Lader eingesetzt

Aushub mit dem Kleinbagger

→ Weiterer Erdaushub mit dem Lader

Einbau Schritt für Schritt

Stellen Sie das Becken am ausgesuchten Ort auf, und markieren Sie die Umrisse mit Sand oder mit Pflöcken. Stellen Sie den Fertigteich dann zur Seite, damit er beim Erdaushub nicht stört. Heben Sie nun eine den vorgegebenen Formen entsprechende Grube aus. Je genauer Sie die Abstufungen der Teichform berücksichtigen, umso weniger Erde müssen Sie bewegen. Der Grubenboden muss etwa 10–15 cm tiefer als der Boden des Beckens liegen, damit sich dort eine Ausgleichsschicht aus Sand auftragen lässt. Der Beckenrand sollte nach dem Einbau ungefähr auf dem Niveau der Erdoberfläche liegen. Wenn man das Becken tiefer setzt, besteht bei starkem Regen die Gefahr, dass humoses Erdreich in den Teich eingespült wird. Die Folge ist Algenbildung durch Überdüngung!

Beim Erdaushub sind eine Wasserwaage, eine Richtlatte und ein Meterstab unerlässlich. Damit lässt sich die Tiefe kontrollieren. Sobald die Grube ausreichend tief und entsprechend dem Beckenprofil vorgeformt ist, setzt man den Fertigteich einmal probeweise ein. Sie sehen dann, ob noch irgendwo etwas Erde abgetragen werden muss. Stimmen die Maße, kann die Sandschicht auf den Boden gebracht und waagerecht verteilt werden.

Auflagefläche des Beckens mit Sand planieren

➜ *Teichbecken einsetzen und ausrichten*

Etwa 1/3 Wasser einfüllen

➜ *Lagenweise die Hohlräume füllen*

In das derart vorbereitete Teichbett wird nun das Becken eingesenkt. Dazu sind je nach Beckengröße zwei bis vier Leute erforderlich. Schließlich soll es gleichmäßig abgesenkt und auf den Sand gesetzt werden, damit es möglichst in der Waage steht. Dies kontrollieren Sie durch Auflegen der Richtlatte und Wasserwaage in beiden Richtungen. Kleinere Korrekturen sind durch Rütteln und einseitiges Belasten der Teichsohle möglich. Wenn das Becken richtig steht, kann das Fluten beginnen.

Durch das Gewicht des Wassers bekommt das Becken mehr und mehr Standfestigkeit. Jetzt sollten Sie noch einmal mit Richtscheit und Wasserwaage kontrollieren, ob die Ränder rundum auf gleicher Höhe liegen. Noch sind geringe Änderungen durch Verschieben oder Drehen möglich.

Keinesfalls darf man vor dem Fluten mit dem Verfüllen der Hohlräume beginnen. Sonst wird das Becken garantiert verschoben und aus der Waage gebracht. Erst wenn so viel Wasser ins Becken eingelassen ist, dass es unverrückbar fest steht (etwa 1/3 der Füllmenge), kann das Einfüttern mit Erde und Einschlämmen mit Wasser beginnen. Besonders beim Einschlämmen muss das Becken schon reichlich gefüllt sein. Andernfalls schwimmt es wie ein Boot auf und muss ganz neu ausge-

Das Fertigbecken ausrichten und einschlämmen

Immer wieder die Wasserwaage auflegen und die Lage des Beckens gegebenenfalls korrigieren

Weiter mit Wasser auffüllen und beschweren

➜ *Mit Aushuberde einfüttern und einschlämmen*

richtet werden! Beim Einfüttern und Einschlämmen werden nach und nach alle Hohlräume verfüllt. Zuletzt ist das Becken auf seiner gesamten Außenseite lückenlos von Erde umschlossen. Füllen Sie zum jetzigen Zeitpunkt aber nur so viel Wasser ein, dass der umlaufende Pflanzrand des Fertigbeckens noch trocken liegt.

Das Einrichten und Bepflanzen des Beckens sowie die Ufergestaltung kann später in aller Ruhe geschehen. Auf den Teichgrund braucht man im Gegensatz zum Folienteich keine Kies- oder Sandabdeckung zu bringen. Man setzt stattdessen die Pflanzschalen mit den Seerosen, Unterwasserpflanzen etc. einfach direkt auf den waagerechten Kunststoffboden. Die meisten Fertigteiche haben überdies seitliche Plateaus, auf denen sich weitere Pflanzkörbe platzieren lassen. Sie können hier auch jederzeit nachträglich Pflanzkörbe einsetzen.

Der umlaufende Pflanzrand für die Uferpflanzen hat eine Wulst von wenigen Zentimetern Höhe zum Tiefwasserbereich hin. Füllen Sie diese Zone am besten mit Sand, und setzen Sie dann die gewünschten Pflanzen ein. Anschließend wird der Sand zwischen den Pflanzen mit Kieseln oder auch größeren Steinen abgedeckt. Dabei können Sie in einem Zug den äußeren Teichrand mit abdecken,

Bepflanzung des Beckens

Becken nach einer Renovierung

→ Uferbepflanzung nach dem Beckeneinbau

See- und Teichrosen im Pflanzkorb

→ Teichrosen nach dem Austrieb

sodass man gar nichts mehr vom Kunststoffbecken sieht. Wer nicht so viele Steine mag, belässt es bei der Sandfüllung und pflanzt rund um das Becken Gräser und Bodendecker, die den zunächst noch sichtbaren Teichrand binnen einer Vegetationsperiode vollständig überwachsen.

Ein richtig eingebauter Fertigteich braucht außer der üblichen Pflege (Wasser nachfüllen, Pflanzenteile entfernen usw.) keine besondere Wartung. Laut Herstellerauskunft ist ein aus glasfaserverstärktem Kunststoff gefertigtes Teichbecken so stabil und langlebig, dass es noch nach vielen Jahren wieder ausgegraben und umgesetzt werden kann.

Seerosen erobern die Wasseroberfläche

Ein Fertigteich mit seiner Uferzone und den Pflanzplateaus im Schnitt

Die Pflanzplateaus sind auf verschiedenen Höhen angelegt

Die Alternative zum üblichen Gartenteich: ein kindersicherer Kies-Teich

Die kleine Wasserstelle nimmt hier vor der Terrasse eine zentrale Position ein

Wenn kleine Kinder zum Haushalt gehören, stellt ein Gartenteich stets eine Gefahrenquelle dar. Wollen Sie bei der Anlage des Gartens dennoch die Gelegenheit nutzen, sofort ein Teichbecken vorzubereiten, dann können Sie zunächst einen kindersicheren Kies-Teich daraus machen. Voraussetzung ist die Verwendung eines stabilen Fertigbeckens. Das wird dann nicht mit Wasser, sondern bis auf 10–20 cm unter dem Rand mit Rollkies gefüllt. Für die Kinder ist dieser Teich im Sommer ein herrlicher Spielplatz. Nach einigen Jahren – wenn die Kinder etwas größer sind – können Sie den Kies wieder herausnehmen und aus dem Becken einen ganz normalen Teich machen.

In den ersten Jahren dient der Kies-Teich als ungefährliches Planschbecken für die Kinder

Bachläufe planen und anlegen

Wenn Ihnen das still ruhende Wasser des Gartenteichs zu eintönig ist, kann die zusätzliche Anlage eines Bachlaufs eine sinnvolle Ergänzung darstellen. Man braucht einen kleinen, höher gelegenen Teich oder einen Quellstein, von dem aus das Wasser durch ein künstliches Bett hinunter in den Gartenteich fließt. Eine Pumpe mit Schlauch sorgt für den stetigen Kreislauf

Ein Hanggarten bietet sich für ein fließendes Gewässer an. Dieser Bach entspringt einem Quellstein

Grundlagen der Bach-Planung

Ein künstlicher Bach kann wie ein Teich aus Folie gebaut werden. Er braucht ausreichendes Gefälle, sonst wirkt er eher wie eine Wasserrinne als wie ein Fließgewässer. Das Gesamtgefälle sollte mindestens 2% betragen. Bei einem Bachlauf von 5 m Länge sind das 10 cm. Wenn Sie Staustufen ausformen,mit denen die Fließgeschwindigkeit reduziert wird, wirkt der Bach voluminöser.

Gut eignet sich ein natürlicher Hang (wie im Bildbeispiel auf Seite 73) oder ein Hügel im Garten, der auch künstlich aufgeschüttet werden kann. Die Erde dafür fällt beim Teichaushub reichlich an. So lässt sich direkt beim Teichbau die Aushuberde gut unterbringen und an Ort und Stelle nutzen. Die Aushuberde wird neben dem Teichbett zu einem Haufen aufgeschüttet. Dieser dient nun als künstlicher Hügel für das Bachbett. Bereits beim Modellieren bekommt der Bach seinen Schwung, das heißt: Je steiler und gewundener das Bachbett geschaffen wird, um so munterer sprudelt das Wasser den Hügel hinab. Natürlich gibt es dabei Einschränkungen, schließlich hat der Garten Grenzen, und der kleine Hügel erlaubt nur wenige Schwünge und Kaskaden. Es kommt also darauf an, den relativ kurzen Bachlauf geschickt zu gestalten.

Diese Bachquelle wurde auf einem Erdhügel angelegt

Wenn Sie mit Folie arbeiten, muss das Bett zur Mitte hin auf 3–6 cm Tiefe ausgehoben werden, ehe man die Folie einlegt. Sie können hier sehr gut Folienreste verwerten, die beim Teichbau übrig geblieben sind. Man fängt damit am Mündungspunkt an und legt die Folienstücke mit reichlicher Überlappung in Richtung Quellstein oder Überlauf des oberen Teiches aufeinander. Ist die Strecke lang genug, lohnt es sich, einige Mulden in den Verlauf des Bachbetts zu graben, in denen sich das Wasser zu kleinen Tümpeln sammeln kann. Das sieht gut aus und dient zudem den Vögeln zum Baden und Trinken. Bereits während man das Bachbett auskleidet, lässt man das Wasser laufen. So erkennt man leicht, ob die Folie richtig liegt. Änderungen sind jetzt noch leicht möglich.

Künstlicher Bach in einer öffentlichen Parkanlage

Sobald das Bachbett ausgekleidet ist und das Wasser richtig läuft, kann mit dem Ausbau begonnen werden. Dabei ist besondere Sorgfalt nötig, sonst verläuft das Wasser langweilig zwischen den Steinen. Besonders bei kleinen Kaskaden und Sprudelsteinen muss jeder einzelne Stein richtig sitzen. Der Ausbau des Bachs macht deshalb am meisten Mühe. Die Steine müssen gedreht, gesetzt und aufgeschichtet werden, bis das Wasser stufenweise darüber hinweg plätschert. Die Folie verträgt den Druck der Steine übrigens ohne Schaden. Selbstverständlich dürfen aber keine spitzen Steine eingebaut werden. In die flachen Stellen und in die Tümpel im Bach kommen dann nur noch die Kiesel. Erst ganz zum Schluss schneidet man die überstehenden Folienränder ab und kaschiert auch die restlichen Stellen mit Kieselsteinen.

Wenn nur eine kurze Strecke zwischen der Quelle und der Mündung liegt und keine Windungen machbar sind, lässt man das Wasser über Stufen plätschern, damit es zur Wirkung kommt. Im Handel gibt es für solche Kaskaden verschieden geformte Fertigteile aus Kunststoff, die recht einfach aufgeschichtet werden und ein angenehmes Plätschern erzeugen. Wer stattdessen mit Folie und Natursteinen arbeiten will, sollte ausgewählte kantige Brocken nehmen und diese so aufeinander setzen, dass das Wasser in gelenkten Bahnen darüber hinweg plätschert und nicht geräuschlos und unsichtbar unter den Steinen hinabläuft.

Die richtige Pumpe wählen

Schon bei der Planung ist die Leistung der Pumpe zu beachten: Je breiter und steiler das Bachbett ist, umso leistungsfähiger muss die Pumpe sein, damit sie den Bach auch mit Wasser füllt. Bei der Berechnung der Pumpenleistung ist vor allem die Förderhöhe wichtig. Nur eine starke Pumpe bewirkt einen kräftigen Sprudel. Für einen Bachbetrieb ist selbst eine einfache Tauchpumpe oder Entwässerungspumpe gut geeignet.

Bei geringem Gefälle hat der Bach weniger Abstufungen

Welche Pumpe sich am besten für den gewünschten Bach eignet, ersieht man aus den technischen Beschreibungen. Jedenfalls lohnt es sich, „das Herz" des Bachs bei einem kompetenten Händler zu kaufen, der – beispielsweise anhand einer mitgebrachten Skizze – das richtige Gerät auswählt und dieses auch bereitwillig umtauscht,wenn es nach dem Probelauf den Ansprüchen nicht genügt.

Damit der Wasser-Kreislauf richtig funktioniert, muss auch die Schlauchleitung zur Pumpe passen. Je dicker der Schlauch – und je größer die Förderleistung – ist, umso stärker muss die Pumpe sein. Damit vom Bach nur das Kiesbett und das Wasser zu sehen sind, lässt man die Technik im Boden oder im Teich verschwinden. Die Pumpe wird in der Regel ins tiefe Wasser gesetzt. Der Schlauch liegt neben dem Bachbett im Boden und führt das Wasser aus dem Teich zur Quelle. Er wird aber erst nach dem gelungenen Probelauf eingegraben.

Bepflanzung eines Bachlaufs

Bei der Bachbepflanzung gilt: Weniger ist mehr. Einige Gräser und Stauden und einzelne kleine Gehölze genügen. Sie binden den Bach harmonisch in den Garten ein. Wuchernde Pflanzen dagegen gehören nicht ans Wasser, weil sie leicht ins Bachbett hineinwachsen und bald nichts mehr davon sehen lassen. Auch bei der Pflege ist darauf zu achten, dass keine Gräser einwurzeln. Sie breiten sich sonst mit der Zeit ungehindert aus.

Bachbau Schritt für Schritt

Erdaushub vom Teichbau fürs Bachbett verwenden

➜ Starkes Gefälle macht einen langen Lauf möglich

Ausgangspunkt ist ein kleiner Oberteich

➜ Das Bachbett wird bis zur Mündung modelliert

Das Bachbett ist durch kleine Mulden gegliedert

➜ Nach dem Graben folgt das Auskleiden mit Folie

Bachbau Schritt für Schritt (Fortsetzung von Seite 73)

Die Ufer müssen beiderseits gleich hoch sein

→ Die Folienstücke sollten sich weit überlappen

Große Kiesel beschweren die Folie

→ Die Folienbahnen münden in den Teich

Beim weiteren Ausbau muss das Wasser laufen

→ So sieht man genau, ob die Steine richtig liegen

Währenddessen kann die Ufergestaltung erfolgen →

Die Steine decken die Folienbahnen vollständig ab

Am Ufer bekommen Stauden und Gräser ihre Plätze →

Letzte Feinarbeiten beim Ordnen der Steine

Einzelne Steine werden mit Mörtel fixiert →

Der Bachlauf geht nun direkt in den Teich über

Bachbau Schritt für Schritt *(Fortsetzung von Seite 75)*

Das Wasser plätschert auf die Kiesel im Teich ➜

Die Kolbenpumpe wird eingesetzt

Weitere Pflanzen werden an den Bachsaum gesetzt ➜

Der Bachlauf ist fertiggestellt

Schematische Darstellung eines Bachlaufs. Die Pumpe im Hauptteich fördert das Wasser in den Quellteich

Keine wuchernden Pflanzen einsetzen

Sehr gut passen Weiden, Primeln, Sumpfdotterblumen sowie andere ähnliche Gehölze und Stauden an den Bach. Diese Pflanzen wachsen auch in der Natur häufig in unmittelbarer Nähe des Wassers. Allerdings dürfen es am Bachlauf im Garten nur ausgewählte Arten oder Züchtungen sein, die langfristig mit den meist beschränkten Standortverhältnissen zurecht kommen.

Statt einer zum großen Baum heranwachsenden Trauerweide (*Salix alba* 'Tristis') kann eine kleine Hängekätzchenweide (*Salix caprea* 'Pendula') zum Einsatz kommen oder eine wilde Zwergweiden-Art (z. B. *Salix hastata*). Etwas Besonderes stellt eine Kopfweide am Wasser dar. Dazu pflanzt man eine Silberweide (*Salix alba*) oder eine Korbweide (*Salix viminalis*), die jedes Jahr im Winter radikal zurückgeschnitten wird. Der Baum bringt dann aus den Stummeln immer wieder junge kräftige Triebe hervor und bildet auf diese Weise einen buschigen „Kopf“. Die jährlich aufs Neue anfallenden Triebe lassen sich für Flechtwerk nutzen.

Jede Tauchpumpe kann einen Bachlauf speisen

Attraktive Wasserpflanzen gedeihen auch in kleinen Gefäßen

Mini-Teiche für Balkon und Terrasse

Mini-Teiche in geeigneten Kübeln machen die Kultur spezieller Wasserpflanzen möglich und verbessern das Kleinklima. Selbst auf Balkonen und Terrassen können Sie auf diese Weise kleine Wassergärten anlegen

Seerose im Natursteinbecken

Gefäße für kleine Wassergärten

Die Gefäße, in denen man Mini-Teiche anlegen will, müssen natürlich langfristig dicht sein. Außerdem sollten sie stabil und gerade so groß sein, dass sie sich noch gut bewegen lassen. Ein Problem ist nämlich der winterliche Frost. Alle Gefäße, die durch gefrierendes Wasser gesprengt werden können, müssen im Herbst in ein frostfreies Gewächshaus oder einen Wintergarten geschafft werden.

Sehr attraktiv sind ausrangierte Getränkefässer aus Holz, die gelegentlich im Fachhandel zu bekommen sind. Besonders gut eignen sich die verschiedensten Mörtelkübel und -wannen. Sie bestehen aus widerstandsfähigem PVC und haben eine sich nach oben erweiternde Form. Das heißt, sie können auch Frost vertragen, weil das gefrierende und sich dabei ausdehnende Wasser nach oben ausweichen kann. Die schwarzen PVC-Gefäße lassen sich beispielsweise mit Strohmatten ummanteln oder mit Holz einfassen. Sie können auch kleinere Kunststofftöpfe in schöne passende Tontöpfe einsenken und die Kunststoffränder dann mit Kieseln kaschieren.

Tipp Wasser verdunstet

An heißen Sommertagen „verbrauchen" die Miniaturteiche reichlich Wasser. Zum Nachfüllen bietet sich kostenloses Regenwasser an, das Sie mit Hilfe eines Sammlers von einem Fallrohr zu einem Sammelfass leiten.

Mini-Teich auf Rollen

Am besten begrünt man Mini-Teiche mit Pflanzen aus heimischen Gewässern (die man im Gartencenter kauft, aber nicht aus Naturteichen und Seen holt!). Dazu genügen wenige Exemplare ausgewählter Arten. Für frostbeständige Kübel sind winterharte Pflanzen wie Sumpfdotterblumen, Wasserschwertlilien oder Kalmus ideal, die auch völliges Durchfrieren ohne Schaden hinnehmen. Nichtwinterharte Pflanzen wie Wasserhyazinthen, Muschelblumen oder Wasserfarne lassen sich in einem kühlen Wintergarten gesund durch die kalte Jahreszeit bringen. Dazu werden die Bottiche rechtzeitig im Herbst umgestellt.

Topfteich mit Folie

Grundsätzlich lassen sich alle möglichen Behälter wasserdicht machen. Das geschieht mit spezieller Teichfolie, die zunächst großzügig zugeschnitten und ausgelegt wird. Allerdings sollte es bei kleinen Gefäßen eine dünne Folie (0,5 mm) sein, die sich glatt und ohne dicke Falten verlegen lässt. Der Wasserdruck presst die Folie nach dem Auskleiden des Behälters an die Wandung. Erst dann werden überstehende Folienränder bündig abgeschnitten.

Zur Bepflanzung eignen sich Sumpfstauden oder auch Schwimmpflanzen. Als Substrat kommt eine Schicht Lehmerde auf den Boden des Gefäßes; Schwimmpflanzen brauchen keine Erde. Von diesen Miniaturteichen kann man auch mehrere anlegen. Dabei sollten aber Größe und Art der Gestaltung variieren.

Tontopf mit Folie auskleiden

Material für einen Miniaturteich

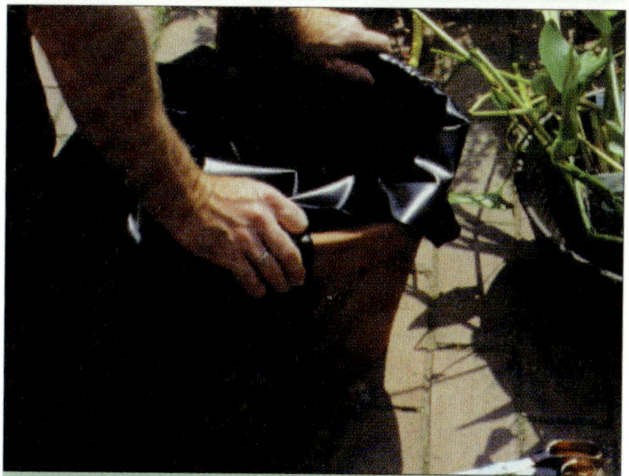

→ Den Tontopf mit Teichfolie auskleiden und ...

... ihn dann bis zum Rand mit Wasser füllen

Die Folie fest an die Topfkontur andrücken

→ Den überstehenden Folienrand bündig abschneiden

Eimer im Tontopf

Teichsubstrat in den Eimer einfüllen

→ „Ufer"-Gestaltung mit Kieseln

Bepflanzung des Eimers

Der Mini-Teich kann „geflutet" werden

→ Letztes Ausrichten der Wasserpflanzen

Schöne Schwimmer in Schalen

Selbst eine alte Zinkwanne kann zum Pflanzbecken werden

Es müssen nicht immer Kübelpflanzen sein, mit denen man Balkon oder Terrasse gestaltet. Neben Oleander, Lorbeer und Engelstrompeten können auch Wasserpflanzen ihren Platz finden. Die kleineren Schwimmer wie etwa der Schwimmfarn (*Azolla*), die Wasserlinse (*Lemna*) oder der Wassersalat (*Pistia*) breiten sich sogar in flachen Schalen oder in Gläsern aus. Sie dümpeln auf der Oberfläche dahin und treiben weiße Wurzeln ins Wasser, die sie mit gelösten Nährstoffen und natürlich auch mit der nötigen Flüssigkeit versorgen. Dazu können Wasserhyazinthen (*Eichhornia*) gesellt werden, die im Sommer schöne blaue Blüten hervorbringen. Wenn sie zu sehr wuchern, werden sie einfach abgefischt. Zum Überwintern ist dies ohnehin nötig. Oder sie kommen mitsamt dem Wasserbecken ins Haus. Das gilt auch für den Wassersalat und den Wasserfarn, die beide frostempfindlich sind. Wasserlinsen können dagegen draußen bleiben; sie grünen in europäischen Teichen ganzjährig im Freien. Eis und Schnee schaden ihnen nicht, die Pflänzchen erholen sich im Frühjahr wieder.

Eine andere heimische Schwimmpflanze, die durchaus gut in Wasserbecken gedeiht, erhält sich auf eine besondere Weise am Leben: Die nur einjährige Wassernuss (*Trapa natans*) entwickelt während ihrer kurzen Lebenszeit dicke Früchte, die abtauchen und im Schlamm überwintern. Im Frühjahr bringen sie dann Jungpflanzen hervor. Ähnlich macht es die Krebsschere (*Stratiotes aloides*). Allerdings taucht diese schöne Wasserpflanze immer wieder auf und ab. Sie ist mehrjährig. Für Krebsschere und Wassernuss sollten möglichst große Wasserbecken zur Verfügung stehen, die im Winter frostfrei untergebracht werden.

Manche gründen tief

Neben den „Freischwimmern", die wie die Wasserhyazinthe oder die Wassernuss auf Luftpolstern treiben, wurzeln andere Arten im Schlamm und treiben Schwimmblätter nach oben. Die Zwergseerose (*Nymphaea alba* 'Minor') macht das sogar in Wasserbecken auf dem Balkon, wenn sie ein möglichst tiefes Gefäß und eine ausreichende Bodenschicht bekommt. Gewöhnliche Gartenerde, vorzugsweise lehmige Erde, ist dazu gut genug. Es muss kein spezielles Wasserpflanzensubstrat sein. Das gilt übrigens auch für andere im Boden wurzelnde Arten, die zwar nicht zu den Schwimmern zählen, aber durchaus schöne Gewächse bilden. Neben anderen lassen sich beispielsweise Wasserschwertlilien, Wollgras, Sumpfdotterblumen und Wasserhahnenfuß sehr gut in Wasserbecken ansiedeln. Außer der Wasserversorgung brauchen diese Gewächse keine besondere Pflege. Die tropischen Arten müssen während des Winters natürlich vor Kälte geschützt werden. Jungpflanzen gibt es von allen Arten in der Wasserpflanzenabteilung von Gartenmärkten und Staudengärtnereien sowie in speziellen Wasserpflanzenbetrieben. Eine Bezugsquelle kann aber auch der eigene Gartenteich sein. Im Frühjahr ist ohnehin eine gute Gelegenheit zur Teilung von Wasserpflanzen, wobei eine Menge Jungpflanzen zum Verschenken oder für kleine Wassergärten auf Balkonen, Terrassen oder auch andernorts im Garten anfällt.

Ein zugewachsener Teich wird erneuert

Gartenteiche pflegen und sichern

Gartenteiche brauchen in der Regel recht wenig Pflege. Es genügt, wuchernde Pflanzen zu reduzieren und bei Bedarf Wasser nachzufüllen. Falls nötig, wird eine umfangreichere Teichrenovierung im Frühjahr vorgenommen

Teicherneuerung Schritt für Schritt

Brauchbare Gewächse aussortieren

→ ***Seerosen teilen***

Bodenschlamm ausräumen

→ ***Wasser auspumpen***

Teiche säubern und umgestalten

Sobald die letzten Schneereste abgeschmolzen sind und die nassen Beete in der Sonne trocknen, beginnt die neue Saison im Garten – und damit auch im Gartenteich. Die wüchsigen Wasserpflanzen können sich zu stark ausgebreitet haben und müssen ausgelichtet werden, bevor die neue Vegetationsperiode beginnt.

Wurde bei der Anlage des Teichs der Fehler gemacht, nährstoffreiche Erde als Pflanzsubstrat einzufüllen, und war die daraus resultierende Algenpest nicht in den Griff zu bekommen, ist jetzt der beste Zeitpunkt, den Teich gründlich zu renovieren. Man muss die Erde und den Faulschlamm, der sich auf dem Teichboden gebildet hat, vollständig ausräumen. Der Faulschlamm kommt auf den Komposthaufen.

Danach sind auch die Kieselsteine wieder sichtbar. Will man sie mit Wasser abspritzen, muss der Teich vorher trockengelegt werden. Das Wasser lässt sich mit einer Kolbenpumpe absaugen.

Zierfische werden vor Beginn der Arbeiten vorsichtig mit einem Käscher eingefangen und erhalten ein Notquartier in einem Wasserbottich.

Seerosen zwischenlagern

→ *Fische und Wasserschnecken evakuieren*

Kiesel aussortieren und waschen

Natürlich sind im Frühjahr auch Änderungen der Gestaltung möglich. So lassen sich neue Wasserpflanzen hinzufügen oder tiefe Teiche durch das Einfüllen von Kies flacher legen. Das kann nötig werden, wenn Kleinkinder gefährdet sind. Gewöhnlicher Rollkies hat sich als idealer Teichbaustoff bewährt. Er fügt die Wasserstelle harmonisch in den Garten ein. Vor allem lässt sich die schwarze Kunststofffolie einfach und wirkungsvoll mit den Kieselsteinen bedecken. Das kann auch nachträglich bei einer Renovierung geschehen. An flachen Uferzonen bleiben die runden Kiesel recht sicher liegen. An steilen Stellen ist ebenso der Ausbau mit kantigen Steinen möglich. Sie werden dazu schräg aufeinander geschichtet. Es können Kalksteinbrocken oder auch Pflastersteine und Mauerziegel genutzt werden. In den Hohlräumen zwischen den Steinen finden Kleintiere Unterschlupf.

Teicherneuerung

Eine Wasserstelle mit Foliendichtung hält normalerweise länger als 15 Jahre, wenn sie richtig angelegt wurde. Gelegentlich ist allerdings eine Erneuerung fällig, etwa wenn zu viel Erde eingefüllt wurde und die Pflanzen zu sehr wuchern oder wenn das Wasser versickert. Die Teichfolienproduzenten garantieren 15 Jahre Haltbarkeit für die

Teicherneuerung Schritt für Schritt (Fortsetzung von Seite 87)

Beschädigte Folie entsorgen

→ Neue Folie auf gut erhaltenem Vlies ausrollen

Neue Folie ausbreiten

speziellen Kunststoffplanen von der Rolle. Das gilt sowohl für herkömmliche Produkte aus PVC als auch für PE-Folien. Beide Folien-Typen unterscheiden sich auch im Preis wenig voneinander und sind gleichermaßen reißfest, elastisch und gut zu verarbeiten. Allerdings enthalten PVC-Folien Chlorverbindungen, die bei der Entsorgung ausgasen können und damit die Umwelt belasten.

PE-Folien sind dagegen ungiftig. Sie lassen sich ohne Schwierigkeiten etwa durch die Müllverbrennung vernichten. Dieser Vorteil macht sich besonders bei einer Teicherneuerung bemerkbar, die bei einem fehlerhaft angelegten Teich nötig sein kann.

Fehler beim Teichbau

Die häufigsten Fehler beim Teichbau sind das Anlegen zu steiler Uferböschungen, das Einfüllen von nährstoffhaltigem Substrat und eine zu üppige Bepflanzung. Steile Böschungen lassen sich schlecht ausbauen. Folglich liegt die Folie ungeschützt frei, sodass sie natürlich stärker der Verwitterung ausgesetzt ist. Obwohl spezielle Teichfolien mehr oder weniger UV-beständig sind, werden sie mit der Zeit doch angegriffen. Eine Schutzdecke aus Sand oder Kies bewahrt sie nicht nur vor Verwitterung, sondern schützt auch vor Tritten oder Werkzeughieben. Eine Abdeckung mit Erde wäre genauso wirksam. Sie schadet aber dem Wasser, weil die enthal-

Seerosen wieder einsetzen

→ *Teichausbau mit Kieseln – gleichzeitiges Fluten*

Sprudelsteine platzieren

→ *Zuleitung einrichten*

tenen Nährstoffe den Algenwuchs und eine zu üppige Wasserpflanzenentwicklung begünstigen. Der Teich verschlammt mit der Zeit. Es bilden sich Faulgase. Das Wasser „kippt" um, das heißt, es verkommt wegen Sauerstoffmangels zu einer grünen Brühe. Dann helfen keine chemischen Mittel mehr, sondern nur noch grundlegende Änderungen. Insbesondere muss die wuchernde Vegetation vermindert und der Schlamm ausgeräumt werden.

Folie entsorgen

Die fällige Räumaktion ist kaum ohne Beschädigung der Folie machbar. Ein einziger Schaufelhieb beim Schlammabtragen oder ein Spatenstoß beim Teilen wuchernder Wurzeln genügt. Wer sehr vorsichtig vorgeht, kann die vorhandene Folie aber durchaus ohne Schaden erhalten und erneut nutzen. Man muss aber ihre Dichtheit vor dem erneuten Einrichten prüfen. Bei der Erneuerung können alte Folienstücke etwa zum Mulchen im Garten oder als wetterfeste Abdeckplanen genutzt werden.

Beschriftungen wie: „Bei der Verbrennung unschädlich" oder ähnliche dürfen übrigens nicht zur eigenmächtigen Entsorgung im Heizungskeller anregen! Sie gelten nur für spezielle Müllverbrennungsanlagen. Wer Folien verheizt, vergiftet die Luft und macht sich strafbar.

Teicherneuerung Schritt für Schritt (Fortsetzung von Seite 89)

Schlauch für den Sprudelstein richtig justieren

Teichrand gestalten

Bepflanzung in kleinen Inseln

Einen guten Unterbau erhalten

Das Vlies und die Polsterschicht sind auf jeden Fall noch brauchbar. Sie können ohne Änderung als Basis für die neue Folienauskleidung dienen. Ebenso bleiben einige Pflanzen erhalten sowie die Kiesel und technische Geräte, soweit sie noch funktionieren und den Sicherheitsstandards entsprechen. Vorhandene Fische und andere Teichtiere überdauern die Räumung in bereitgestellten Wasserbecken. Das Wasser wird währenddessen abgepumpt.

Vor der Neueinrichtung sind selbstverständlich Änderungen möglich. So lassen sich zu steile Ufer abflachen oder neue Buchten ausgraben. Vor allem sollten fehlerhafte oder ungünstige Stellen geändert werden. Bei der Neueinrichtung ist es wichtig, die Folie gänzlich mit Sand oder Kies zu bedecken, sodass sie nicht mehr zu sehen ist. An Steilstellen können große Kiesel oder auch kantige Steine zum Kaschieren dienen. Pflanzen kommen nur gezielt entweder in Körben oder in kleinen Mulden in das Wasserbecken. Schließlich soll die Wasserfläche großzügig wirken und nicht wieder zuwachsen. Erst wenn der gewünschte Wasserstand erreicht ist, werden die Folienränder abgeschnitten. Falls nötig, wird noch stellenweise unterfüllt. Zuletzt wird auch der ganze Ufersaum mit einer Kieselschüttung überdeckt.

Teich fertig ausbauen

➜ *Kiesel decken die Folie im Randbereich ab*

Das Wasser klärt sich nach wenigen Tagen von selbst

Stege aus festen Brettern erleichtern die Arbeiten

Pflanzkörbe verhindern zu starke Ausbreitung

Durch Schädlinge befallene Blätter abschneiden

Algen mit einem Rechen abfischen

Teichpflege

Ein richtig angelegter Gartenteich braucht keine besondere Pflege. Es genügt, zu stark wachsende Pflanzen gelegentlich zu vermindern, indem die Wurzelausläufer abgetrennt und beseitigt werden. Sie lassen sich unter Umständen in einen anderen Teich umsetzen oder zur Bepflanzung eines Wasserbeckens am Balkon nutzen. Abnehmer für Wasserpflanzen gibt es auch in der Nachbarschaft. Die meisten heimischen Arten sind übrigens völlig winterhart. Sumpfdotterblumen, Wasserschwertlilien, Kalmus und andere Arten brauchen keinen Winterschutz. Es schadet ihnen nicht, wenn das Wasser zufriert. Andere Arten wie Krebsscheren tauchen im Herbst ab und überwintern auf dem frostfreien Teichgrund. Auch Seerosen brauchen keine Pflege, wenn die frostempfindlichen Wurzelrhizome in ausreichender Tiefe sitzen. Normalerweise genügt eine Pflanztiefe von etwa 60 cm unter der Wasseroberfläche. Die Blätter sterben im Herbst ohnehin ab. Im Frühjahr treiben diese Schwimmblattpflanzen dann wieder aus. Das gilt auch für Teichrosen (*Nuphar lutea*) und für Seekannen (*Nymphoides*).

Nur exotische Wasserpflanzen brauchen ein frostfreies Quartier im Haus. Ansonsten sollte im und am Teich möglichst wenig Aufwand mit Win-

Der Gartenteich im Winter

Der Betrieb einer Pumpe im Winter verhindert das völlige Zufrieren der Wasserfläche

Eine geschlossene Eisfläche schadet dem Teich nicht

Eisfreihalter sind eigentlich nicht erforderlich

terschutz betrieben werden. Das Wasser darf völlig zufrieren. Die Fische und andere Tiere tauchen in frostfreie Zonen ab und bleiben dort, bis das Eis wieder auftaut. Natürlich vertragen sie in dieser Zeit keine Störungen. Die Eisfläche darf also nicht betreten werden, wenn Fische im Teich sind. Sie nehmen im kalten Wasser nur sehr wenig Nahrung auf, Füttern ist nicht nötig. Die Tiere im Teich leiden auch nicht an Sauerstoffmangel. Im Wasser sind genügend Reserven vorhanden, zumal die Unterwasserpflanzen auch im Winter assimilieren. Keinesfalls darf deshalb das Eis aufgehackt werden. Wenn allerdings eine eisfreie Wasserstelle erhalten bleiben soll, beispielsweise um den Vögeln im Garten eine Tränke anzubieten, kann dies mit einer ausreichend starken Pumpe geschehen. Durch die ständige Wasserbewegung ist die Eisbildung dann nur bei anhaltend strengem Frost möglich.

Am Ufer haben sich häufig Kröten, Eidechsen, Igel und andere Tiere eingegraben oder unter Laubhaufen versteckt. Auch sie sollten möglichst nicht durch Erdarbeiten gestört werden. Hier gilt im Übrigen wie auch sonst im Garten: besser im Herbst ein Gartenschutz als ein übertriebener Gartenputz. In diesem Sinne sollten auch Gräser, Rohrkolben und dergleichen einfach stehen bleiben und erst im Frühjahr den Rückschnitt erhalten.

Einfriedung mit Drahtzaun

Gartenteiche sichern

Wasser wirkt auf Kinder wie ein Magnet. Solange sie die Gefahren nicht einschätzen können, dürfen sie nur unter Aufsicht ans Wasser. Andernfalls müssen sie von Teichen und anderen Wasserstellen fern gehalten werden.

Falls Kleinkinder zur Familie gehören (oder zu erwarten sind), sollte auf einen Teich verzichtet werden. Es ist zweckmäßig, bei der Planung des Gartens eine Stelle dafür zu reservieren, doch mit der Gestaltung sollte man besser noch warten, bis die Kinder groß genug sind. Einstweilen kommt an die vorgesehene Stelle Rasen oder ein Staudenbeet.

Wenn bereits ein Teich zur Anlage gehört – etwa beim Kauf eines Hauses mit Garten – oder wenn nach dem Teichbau Nachwuchs kommt, muss diese Gefahrenstelle sogleich beseitigt werden. Denn die Wirkung des glitzernden Wassers auf Kleinkinder ist gewaltig, und selbst flache Becken können gefährlich sein. Die Gefahrenstelle lässt sich nur durch eine ausreichende Absperrung sichern, es sei denn, man lässt das Wasser ab und füllt das Becken mit Erde oder Sand auf. Ein Folienteich lässt sich auf diese Weise zum Sandkasten umgestalten. Die Folie wird aber die Umgestaltung und die Nutzung kaum unbeschadet überstehen. Bei einem Kunststoffbecken gibt es dagegen keine Probleme. Der Teich wird einfach entleert und mit Sand gefüllt. Die Pflanzen kommen einstweilen in ein kleines abseitiges Becken oder in Gefäße. Aus der Wasserstelle entsteht so ein völlig ungefährlicher, willkommener Spielplatz. Zum Schutz vor Regen und Verschlämmung kann ein Schirm oder ein Zelt aus Leinen oder Kunststoff nützlich sein. Später, wenn keine Gefahr mehr besteht, lässt sich der Sand leicht ausräumen und das Becken wieder zum Teich umgestalten.

Den Teich eingrenzen

Soll ein Folienteich erhalten bleiben, muss er für Kinder unerreichbar eingefriedet werden. Das lohnt aber nur, wenn der Teich abseits liegt und durch die Größe des Grundstücks noch genügend Freiraum bleibt. Bei einem gewöhnlichen Gartengrundstück ist eine großräumige Absperrung kaum möglich. Hier muss der Teich direkt eingefriedet oder abgedeckt werden. Die Einfriedung muss standfest, hoch genug und dicht sein. In der Regel eignet sich dazu am besten ein handelsüblicher Zaun etwa aus Maschendraht oder auch aus Holz, der an gut verankerten Pfosten befestigt wird.

Der einfache Zaun ist allerdings keine Dauereinrichtung und sollte sich nach einigen Jahren mühelos entfernen lassen. Beim Schlagen der Pfosten oder Zaunpfähle darf die Folie nicht beschädigt werden. Ein gewisser Abstand zur Wasserfläche ist ohnehin nötig, zumal die Uferpflanzung zum Teich gehört und nicht ausgegrenzt werden sollte. Wichtig ist auch ein Zugang zum Teich durch eine abschließbare Tür, damit die Pflege ungehindert möglich bleibt. Damit kleine Tiere weiterhin das Wasser erreichen können, ist ein geringer Abstand des Zaunes zum Boden einzuhalten. Er darf jedoch Kindern nicht das Unterqueren ermöglichen.

Den Teich vergittern

Eine kleine Wasserfläche einzuzäunen lohnt sich kaum. Sie ist einfacher durch eine Gitterauflage zu sichern. Das Gitter aus Holz oder starrem Metallgewebe wird auf festen Punkten (z. B. Ziegelsteinen) aufgelegt und waagrecht ausgerichtet. Auch dabei dürfen keine Schlupflöcher für Kinder bleiben. Das Gitter muss entsprechend engmaschig sein, richtig aufliegen und unverrückbar befestigt sein. Den Tieren sollte das Wasser beziehungsweise das Ufer jedoch nicht versperrt werden. Selbstverständlich muss diese Teichsicherung belastbar sein und dem Gewicht eines Erwachsenen oder mehrerer Kinder stets standhalten, und zwar auch noch nach Jahren. Das Gitter ist entsprechend zu imprägnieren oder aus einem verrottungsfesten Material zu bauen.

Abdeckung aus verzinktem Baustahl auf Rohren

Netze oder ähnliche Gewebe sind völlig ungeeignet. Sie geben nach und sinken ins Wasser ein. Wer sich darin verfängt, ist oft noch schlechter dran als ohne diese „Sicherung". Ebenso ungeeignet sind Gitter mit großen Maschen, die kein Hindernis für kleine Kinderfüße oder Kinderhände darstellen. Achten Sie also grundsätzlich darauf, dass Ihre Teichsicherung tatsächlich eine Sicherung und keine Falle ist – auch nicht für Tiere!

Der Teich im Winter

Ebenso reizvoll wie das Wasser ist eine Eisfläche. Sie stellt eine besondere Gefahr dar, wenn sie vermeintlich hart und begehbar ist, aber nur eine dünne Decke bildet. Sie lockt Kinder an, denen ein Einbruch durchs Eis an einer tiefen Stelle durchaus gefährlich werden kann. Hier muss sichergestellt werden, dass niemand die Eisfläche betritt. Das Betreten stört außerdem die Fische und andere ruhende Teichtiere.

Winterlicher Teich

Tipp Wasserstellen für Tiere sichern

Alle Wasserbecken mit steilen Wänden können für Tiere zur lebensgefährlichen Falle werden. Bei niedrigem Wasserstand fallen die Tiere auf der Suche nach einer Tränke hinein und kommen nicht mehr hinaus. Solche Becken brauchen eine Sicherung oder Rückzugsmöglichkeiten etwa mittels Brettchen oder einem Stein, der als Brücke dient. Dies gilt übrigens auch für Teiche mit steilen Wänden. Sie müssen wenigstens stellenweise flache Übergänge vom Wasser zum Ufer haben.

Register